T0243649

NIÑOS COMPLEJOS

ELAINE TAYLOR-KLAUS, MCC

Niños complejos

Guía esencial para educar a niños con TDAH, ansiedad, autismo, dificultades de aprendizaje y más.

URANO

Argentina – Chile – Colombia – España
Estados Unidos – México – Perú – Uruguay

Título original: *The Essential Guide to Raising Complex Kids with ADHD, Anxiety, and More*
Editor original: Quarto Publishing Group USA Inc.
Traducción: Marisa Tonezzer

1.ª edición Junio 2023

ISBN: 978-84-18714-00-9
E-ISBN: 978-84-19413-85-7
Depósito legal: B-6.790-2023

Fotocomposición: Ediciones Urano, S.A.U.

Impreso por: Rotativas de Estella – Polígono Industrial San Miguel Parcelas E7-E8 31132 Villatuerta (Navarra)

Impreso en España – *Printed in Spain*

A mis padres, que me alentaron para que viviera una vida con sentido, y me apoyaron de todo corazón mientras me esforzaba por criar a mi familia compleja con conciencia y gracia.

A mi colaboradora, Diane, cuya cooperación ha hecho posible este libro, y a nuestra increíble comunidad de padres que me inspiran todos los días.

A mis hijos (mis cachorros) Bex (y Alicia), Syd y Josh, que han sido mis mejores maestros.

Y a mi marido, David, que siempre cree en mí, incluso cuando me cuesta creer en mí misma.

Índice

PRIMERA PARTE
Convertir el caos en calma

SEGUNDA PARTE
El Modelo de Impacto

TERCERA PARTE
Convertir la información en acción

Prólogo

Seré sincero: conozco a Elaine Taylor-Klaus desde hace años; me agrada y la respeto mucho. Así que no fui imparcial cuando abrí por primera vez este libro. Tenía muchos deseos de que me gustara lo que leía. Después de todo, dado que había accedido a escribir este prólogo, habría sido incómodo tener que buscar una excusa para no hacerlo.

El libro resultó ser incluso mejor de lo que esperaba, al menos desde mi punto de vista; desconozco cuál es el tuyo, por supuesto, porque no te conozco.

Sin embargo, como tienes este libro en tus manos, o quizás incluso lo hayas comprado, puedo hacerme una idea de quién puedes ser. Es probable que seas una madre. O quizás un padre, aunque las madres que leen esta clase de libros son más numerosas que los padres (lo cual es una lástima; no porque las madres los lean, ¡sino porque no haya más padres que lo hagan!). Además, probablemente tengas al menos un niño que te causa preocupación y al que quieres comprender mejor, así como ayudarle mejor.

También podrías ser un maestro o maestra (me encantan los maestros. Mi padre era maestro de escuela primaria, y los maestros me salvaron la vida a lo largo del camino. Si eres un maestro, ¡aquí va un enorme agradecimiento de mi parte!); podrías ser un abuelo (un amigo cercano me ha dicho hace poco: «Ser abuelo es lo único en la vida que no está sobrevalorado»; todavía no soy abuela, pero espero serlo algún día); podrías ser un padre en ciernes, o el hermano de un niño complejo, o quizás tú mismo hayas sido un niño complejo alguna vez. Quién sabe, incluso podrías ser alguien que ha cogido este libro por casualidad en una sala de espera en Kansas.

Pero seas quien seas y estés donde estés, sigue leyendo. Este es un libro que emerge victorioso, después de mucho tiempo de sufrimiento, y lo hace con dignidad. Elaine ha hecho la parte difícil. Tras una difícil década como madre, hubo un rayo de esperanza; Elaine tuvo lo que ella llama su «momento Scarlett O'Hara», mientras estaba sentada sola en el porche de una cabaña en el bosque. Se puso de pie, blandió su puño hacia el cielo y se dijo a sí misma: «Pongo a Dios como testigo: ningún padre debería tener que pasar solo por lo que yo pasé esos primeros diez años».

Con este libro, Elaine ha cumplido su promesa. Las ideas y métodos que desarrolló y que describe son lo que ella habría necesitado saber, y sospecho que también lo que tú necesitas saber.

Vi crecer este libro a lo largo de los años. Elaine puso mucho cuidado en hacerlo todo bien, invirtiendo el sudor y las lágrimas necesarias para que fuera un libro que brinda valor. Los libros no son algo que aparece por arte de magia, especialmente si los escribes tú mismo (lo sé, dado que he escrito unos cuantos); crecen de forma irregular, hay que podarlos y cortarlos, alimentarlos y regarlos, fertilizarlos y dejarlos en barbecho hasta que al final, si se tiene suerte, llega el momento de la cosecha.

Elaine ha cosechado un libro magnífico. Repleto de ideas prácticas y soluciones, rebosante de perlas de sabiduría ganadas con esfuerzo, se dirige al lector como una amiga —nunca como un disertante o un predicador—. Este libro vivirá por muchos años, ayudando a todos los que lo leen y ahorrando a los que lo hacen (así como a las personas a las que aman y cuidan) el sufrimiento innecesario que la falta de comprensión, de conocimiento y de habilidad siempre infligen.

Así que, lector, ¡aprende y disfruta! Toma el conocimiento y la sabiduría de estas páginas, presentadas de forma tan atractiva, e incorpóralos a tu vida diaria; practica los principios y compártelos con otros, y verás cómo tu mundo y el de los que te rodean, empezando por tus propios hijos, se beneficia de ellos para crecer y fortalecerse.

Edward Hallowell, doctor en Medicina, autor de *Driven to Distraction* y *The Childhood Roots of Adult Happiness*

HOJA DE APUNTES

Una introducción para padres y profesionales ocupados

«Si, a pesar de todo, nos dejamos embargar por el miedo y la desesperación, no podremos ayudar a eliminar el sufrimiento de los demás.»

THICH NHAT HANH

No estás sola

En apariencia, la primera década de mi vida familiar adulta era ideal: un matrimonio bien avenido, tres niños guapos y brillantes, una bonita casa, una comunidad con lazos fuertes, buenos amigos y una familia unida. Si Facebook hubiera existido en aquel entonces, habríamos ofrecido una imagen perfecta al mundo exterior.

Sin embargo, en realidad las cosas siempre estaban al borde del colapso. Mi esposo, cariñoso y juguetón, no prestaba atención a la familia; estaba hiperenfocado en su trabajo hasta un extremo poco saludable. Mis hijos se estaban perdiendo los hitos típicos —como el uso básico de una tijera a los tres años, o la introducción a la lectura a los cinco—, y cada reunión con los docentes era, potencialmente, un campo minado. Mis amigos me daban consejos que me inducían a sentir culpa; empezaban las frases diciendo «Si tan solo pudieras...», sin comprender las dificultades a las que me enfrentaba. Francamente, yo tampoco las comprendía.

Cuando me recomendaron someter a mi hijo más pequeño, entonces de cuatro años, a una evaluación, sus hermanos mayores ya estaban siendo tratados por múltiples problemas. Yo me preguntaba: «¿Es mi esposo realmente responsable de todas estas cuestiones neurológicas?». Le pregunté a la psiquiatra de mi hijo si era posible que yo misma tuviera problemas que explicaran lo que estaba pasando. Ella me respondió: «No, cariño, solo eres una madre».

Ser «solo una madre» de niños complejos resultó ser el trabajo más difícil de mi vida. Nada de lo que había hecho o aprendido me preparó para esos desafíos: unas vidas llenas de terapeutas, especialistas, tutores, ajustes escolares, programas de educación especial y mucho más. Pasé la primera década de la maternidad moviéndome a tientas en la oscuridad, aislada y sola, a pesar de tener un matrimonio feliz.

Alrededor de los cuarenta años, finalmente pasé por una evaluación y descubrí que tenía dificultades de aprendizaje y de atención. De repente, toda mi vida cobró sentido.

A pesar de estar rodeada de familiares y amigos afectuosos, y de contar con el apoyo de escuelas y profesionales, pasé más de una década perdida, asustada y confundida, alternando entre la negación y las medidas contundentes. Abordé los «problemas», pero nunca entendí realmente lo que significaba criar «niños complejos». Cuando las piezas fueron encajando lentamente, impulsadas por los cambios nutricionales y mi introducción al coaching, la vida de toda la familia se transformó.

Y luego, tuve mi momento Scarlett O'Hara. Estaba sola en el porche de una cabaña, pensando maravillada en cómo habían mejorado las cosas en tan poco tiempo; elevé la vista hacia el cielo, levanté mi puño y me dije a mí misma en voz alta: «Pongo a Dios como testigo: ningún padre debería pasar solo por lo que yo pasé en esos primeros diez años». Con el tiempo, me di cuenta de una verdad más profunda: ningún padre *o hijo* debería vivir lo que vivimos *mis hijos y yo* esos primeros diez años. O lo que mi esposo enfrentó en su infancia y en la edad adulta. O lo que yo, mis hermanos o mis amigos vivimos. Algo tenía que cambiar, *para todos nosotros.*

Como sin duda ya sabrás, la crianza de niños complejos no es para los débiles. Francamente, ser un niño complejo tampoco es nada fácil, pero no debería ser tan abrumador, confuso o aterrador, ni provocar tanto aislamiento. No podemos eliminar los problemas complejos de nuestros niños (aunque Dios sabe que lo intenté), pero estoy aquí para decirte que sí podemos ayudarlos a aprender a manejar sus problemas.

> No podemos eliminar los problemas complejos de nuestros hijos (aunque Dios sabe que lo intenté), pero estoy aquí para decirte que sí podemos ayudarlos a aprender a manejar sus problemas.

Somos más iguales que diferentes

Todas las semanas, padres con los que nunca antes había hablado me abren el corazón. Son padres que tienen todo tipo de niños complejos, de todas las edades, de todas las partes del mundo, a los que brindo «Sesiones de cordura» por teléfono, chat o video. Escucho sus problemas y sus historias, reflexiono sobre sus experiencias y les explico cómo podemos ayudarles a ayudar a sus hijos, o recomendarles a alguien que pueda hacerlo.

Me encanta esta parte de mi trabajo y me tomo esta responsabilidad muy en serio. Los hijos de estas personas son complicados, tienen que esforzarse mucho por alcanzar los hitos típicos del desarrollo y del aprendizaje. Muchos padres nunca han tenido la oportunidad de contar su historia, o sienten que nadie en sus vidas quiere escucharla. Describen la amplia gama de afecciones que enfrentan sus hijos, como el TDAH (trastorno por déficit de atención e hiperactividad), la ansiedad, los problemas de aprendizaje, la depresión, el TND (trastorno negativista desafiante), el autismo y muchos otros. También comparten sus frustraciones y el temor de que sus hijos no consigan llevar vidas independientes, exitosas y plenas.

Los padres confían en mí: saben que podrían hacer más si tan solo supieran cómo; a veces no les gustan sus hijos o no disfrutan de ser padres; ya han hecho mucho por apoyar a sus hijos, y les ha costado mucho, tanto financiera como emocionalmente.

Con el corazón roto, me dicen que nada parece haber cambiado las cosas hasta ahora.

¿Y sabes qué?

No importa la edad de los padres o abuelos, la edad de sus hijos, en qué lugar del mundo viven, su nivel de educación o su estrato socioeconómico; en verdad, sin importar lo diferentes que sean unos de otros, tienen más cosas en común que todas sus diferencias juntas. Todos ellos se sienten, a veces, aislados y juzgados.

Frustrados por la tensión familiar o preocupados por el futuro de su hijo, suelen querer las mismas cosas (¡además de pedirme que vaya a vivir a su casa por unos meses!). Lo que quieren es:

- Un sentimiento de paz y confianza.
- Mejorar las relaciones dentro de su familia.
- Saber que su hijo estará bien.

Quieren un camino claro, un manual de procedimientos para poder hacer el mejor trabajo posible como padres.

Este libro está diseñado para ser ese manual práctico interactivo. Está destinado a los padres de niños complejos y a los profesionales que atienden a esas familias. No se detiene a analizar exhaustivamente ninguna afección infantil en particular; en cambio, llena los vacíos, ofreciendo un manual de estrategias para ser utilizado por cualquier adulto que desea apoyar a los niños complejos que necesitan su cuidado.

Partiendo de los principios fundamentales del coaching profesional y de la gestión del cambio, exploraremos los pasos del Modelo de Impacto que desarrollé junto con mi socia en la empresa ImpactParents®, Diane Dempster. Con este enfoque simple y profundamente efectivo para la resolución de problemas, podrás aplicar de inmediato conceptos clave y estrategias fundamentales a la vida diaria, creando en última instancia un cambio duradero. Antes de que te des cuenta, estarás realizando tus funciones parentales o enseñando como un coach, y redescubriendo la alegría de criar a un niño complejo.

¿Es necesario que leas el libro completo?

Este libro te guía a través de un método simple para la crianza, explicado de una manera fácil de comprender y recordar, entretejiendo conceptos esenciales y estrategias en cada sección. Las secciones, breves y asimilables, hacen que sea fácil de asimilar. Me gustaría que comenzaras desde el principio y lo leyeras hasta el final, porque descubrirás algo nuevo y útil en cada página.

Sin embargo, me doy cuenta de que es muy poco probable que todos lean el libro de principio a fin. No me lo tomo como algo personal. La forma en la que utilizarás este libro, como ocurre con todas las cosas de la vida, dependerá de ti. Así como no hay una sola manera de criar a un niño complejo, tampoco hay una sola forma de leer este libro. Estoy segura de que le sacarás el máximo partido si lo lees completo, pero quiero darte permiso para leerlo como te resulte mejor.

Cómo procesas la información, cómo inviertes tu tiempo, tus preocupaciones, tus intenciones, tu motivación y tu dedicación determinarán la manera en la que emplearás este libro. Quizás hagas alguna de estas cosas:

- Comenzar desde el principio y encontrar que tiene un valor inmenso, para luego leerlo de forma más relajada a medida que tu vida comienza a mejorar.
- Empezar leyendo un capítulo que te atraiga y que parezca ofrecerte una solución rápida (o un éxito fácil).
- Comenzar por las citas, imágenes o subtítulos.
- Leer únicamente la sección de estrategias de cada capítulo.
- Leer todo el texto.

Entonces, permíteme ofrecerte una pequeña hoja de apuntes que resume lo que te proporcionarán las secciones o capítulos, para que puedas identificar lo que es más importante para ti. Cuando hayas decidido qué leer, practicarás el Modelo de Acción de Impacto:

1. Decidir lo que es importante.
2. Recopilar información.
3. Establecer un plan.
4. Tomar medidas.
5. Ser consciente de que habrá cambios en el plan; modificarlo y volver a intentarlo.
6. Cuidarte a ti misma en el proceso.

¿A que suena como una receta para gestionar la vida?

Las tres partes del libro

Primera parte (capítulos 1 a 4): Aborda tu papel en el manejo de los problemas clave que enfrentan tus niños, para que puedas guiarlos en su camino hacia la independencia. Si tu hijo tiene problemas de origen cerebral (como TDAH, ansiedad, problemas de aprendizaje, problemas de procesamiento sensorial, trastorno negativista desafiante, autismo, trastorno bipolar, dificultades de apego, depresión, síndrome de Tourette, etcétera) o problemas metabólicos (como diabetes, celiaquía, alergias alimentarias, etcétera), ten presente que estos problemas son complejos debido a una o varias condiciones médicas crónicas que los propios niños necesitan aprender a gestionar para finalmente tener éxito en la vida.

Segunda parte (capítulos 5 a 10): Se explica cómo emplear cada paso del Modelo de Impacto en la vida real, con ejemplos y estrategias específicas. Los capítulos 6, 7 y 8 señalan las diferencias entre este método y otros paradigmas de crianza.

Tercera parte (capítulos 11 y 12): Brinda una guía para tomar medidas, evaluar y modificar. No es razonable esperar que todo lo que intentes funcione bien de inmediato, por lo que aprenderás estrategias para adecuar los esfuerzos y mejorar los resultados.

Las secciones de cada capítulo

Narración de historias: Aunque esa breve historia puede no describir tu experiencia particular, captura la esencia de algo familiar, proporcionando un marco fundamental al capítulo.

Planteamiento del problema: Tener claro el «problema» que estás tratando de resolver es un componente a menudo pasado por alto, pero esencial para la resolución de problemas y la creación de un cambio duradero.

Perspectiva del coach: Una perspectiva de coaching para cada problema, que revela nuevas posibilidades de acción. Cambiar las perspectivas influye en los resultados.

Estrategia recomendada: Basada en el problema y la perspectiva, esta es una estrategia tangible para implementar de forma inmediata.

TOMAR PARTIDO POR *TU* CUIDADO PERSONAL

Imagínate esta situación: estás haciendo *rafting* por un río con tu familia, cuando te encuentras con una serie de rápidos embravecidos que te arrojan al agua. No hay tiempo para el pánico, tienes que reaccionar. Tus hijos, que se han quedado en el bote, te necesitan; además, ¡el agua es peligrosa y muy fría! Cuanto antes vuelvas a la embarcación, mejor. Tiendes la mano para que el guía de *rafting* pueda izarte a bordo.

¿No es así?

Como padres, cuando algo nos hace perder el equilibrio tenemos la extraña tendencia a resistirnos a la ayuda que puede ponernos a salvo. Es como si estuviéramos tan preocupados de que nuestros hijos se queden en el bote, que no aceptamos la mano que se nos ofrece. En lugar de eso, nos quedamos en el agua, luchando por mantenernos a flote, lo que no hará nada para ayudar a nuestros hijos a enfrentar la siguiente serie de rápidos que les esperan río abajo.

Debemos priorizar nuestro propio cuidado y aceptar la ayuda que necesitamos, para no quedarnos mirando impotentes mientras nuestros hijos se alejan flotando, fuera de nuestro alcance.

Di que no: Puedes desprenderte de ideas, modelos o comportamientos viejos para mejorar la eficacia de la estrategia.

Di que sí: Puedes aumentar (o mantener) tu repertorio de respuestas para mejorar la efectividad y prepararte para el éxito.

Diálogo interno para el autocuidado: Adoptar una mentalidad práctica y motivadora para mejorar el autocuidado, en lugar de añadir tareas a tu lista.

Preguntas para el autodescubrimiento: Te recomiendo enfáticamente que comiences a llevar un diario, para que estas poderosas preguntas puedan ampliar y guiar tu camino de autodescubrimiento, mucho después de que hayas cerrado el libro.

Acerca del lenguaje

El lenguaje puede ser una herramienta poderosa para una comunicación efectiva. No obstante, también puede ser utilizado (o percibido) como un arma de destrucción. A veces, la diferencia está separada por una línea muy delgada. A lo largo de este libro, seré muy específica acerca del lenguaje.

- A veces te sugeriré cómo podrías decir las cosas para que los niños (y los padres o maestros) puedan comprenderlas.
- Te advertiré acerca de ciertas palabras o expresiones que tienden a desencadenar reacciones defensivas.
- Aumentaré tu consciencia sobre el poder de las palabras y el tono, animándote a que los emplees para estimular la conexión en tus relaciones más preciosas e importantes.
- Te advertiré sobre el impacto indeseado que puedes ocasionar cuando no piensas cuidadosamente lo que dices y cómo lo dices.

Pronombres inclusivos de género

A medida que nuestros hijos maduran, nos siguen pidiendo cosas nuevas como padres. En 2018, mi hijo mayor salió a la luz como no binario y me pidió que comenzara a usar el pronombre inclusivo de género «ellos»[1]. Para ser sincera, como escritora encuentro el lenguaje incómodo, por lo que ha sido una transición difícil. En realidad, todavía no estoy acostumbrada.

Para respetar el cambio de pronombres de mi hijo —y practicar para que se vuelva más natural— uso el singular neutro con más frecuencia que el tradicional «él» o «ella» a lo largo de este libro. Espero que tengas un poco de paciencia conmigo mientras hago el esfuerzo por adaptarme a la decisión de mi hijo. Me comprometo a hacerlo hasta que esté tan cómoda como su generación —afortunadamente— parece estarlo.

¿Para quién es realmente este libro?

Aunque las historias y los ejemplos están generalmente dirigidos a los padres, la metodología es igual de instructiva para los profesionales que trabajan con los niños y adolescentes y sus familias, incluidos maestros, tutores, consejeros, médicos y terapeutas conductistas familiares. Cualquier adulto puede usar un enfoque de coach para que los jóvenes tomen las riendas de sus vidas.

Finalmente, este libro también es relevante para los propios adultos que enfrentan dificultades. Muchos de nosotros nunca aprendimos a entender y manejar la ansiedad, el TDAH o cualquier otra

---

1. En inglés, la palabra «they» (que en español signifca tanto «ellos» como «ellas», se puede utilizar en singular y de forma neutra, es decir sin género. No tiene una traducción precisa en español, aunque en su uso equivaldría a «alguien». Algunos proponen utilizar neologismos como «elle» en lugar de «él» o «ella». (N. del T.)

condición que dificulta nuestra vida como adultos. Casi todo lo que se ofrece en este libro es igualmente aplicable a los adultos. Si quieres aceptar tu problemática específica en la vida y aprender a convertirte en la mejor versión de ti misma, también puedes usar este método. Tanto a mí como a mi esposo, a mis hijos adultos jóvenes y a miles de nuestros miembros y clientes en todo el mundo nos funciona, todos los días.

Preguntas para el autodescubrimiento

- ¿Qué esperas que este libro te ayude a lograr?
- ¿Qué partes te interesan? ¿Qué capítulos?
- ¿Qué secciones de cada capítulo te atraen más?
- ¿Qué importancia tiene cambiar tu lenguaje y tu tono?
- ¿De qué maneras te resistes a cuidar de ti misma?
- ¿A quién quieres ayudar leyendo este libro? (Una pista: esta podría ser una pregunta capciosa.)

PRIMERA PARTE
Convertir el caos en calma

Abrazar una vida familiar perfectamente imperfecta

¿Tienes un niño complejo?

La mayoría de los padres capean las tormentas ocasionales. Así es la vida, después de todo. Pero cuando hay niños complejos, que enfrentan dificultades en la vida o en el aprendizaje, puede parecernos que vivimos en un constante estado de alerta, como si un huracán amenazara con barrernos en un minuto.

Es un momento engañoso: el cielo está azul y soleado. Pero ves cómo se avecina una nube gris, acarcándose más de lo que te gustaría, y nunca sabes cuándo se desatará la tormenta. Nunca sabes cuándo las dificultades de tu hijo asaltarán la vida familiar.

Si a menudo sientes que caminas sobre cáscaras de huevo, o que estás a punto de caer en un precipicio, es posible que tú, como yo, tengas hijos complejos.

- ¿Te preocupa que tu hijo sea perezoso o irrespetuoso?
- ¿Te sientes impotente al ver sufrir a tu hija?
- ¿Tu hijo responde de manera desagradable, para luego disculparse, dando muestras de estar profundamente arrepentido?
- ¿A tu hijo le cuesta entablar y mantener una amistad?
- ¿Las disputas entre hermanos son mucho peores de lo que te habías imaginado?
- ¿Tienes un hijo inteligente que se cree «estúpido» y que tiene problemas en la escuela?
- ¿A menudo estás en desacuerdo con la persona con la que compartes la crianza acerca de cómo ayudar a tu hijo?
- ¿Estás convencida de que está pasando *algo*, pero tu hijo aún no ha sido evaluado?
- ¿Le han diagnosticado a tu hijo una afección crónica?

Tal vez a tu hijo le hayan diagnosticado alguna de estas afecciones: TDAH, dificultades de aprendizaje, ansiedad, depresión, autismo, problemas de procesamiento sensorial, alergias alimentarias u otras relacionadas. O tal vez no.

Lo más probable es que haya una razón para su comportamiento difícil. Si sientes que simplemente no sabes cómo ayudar a tu hijo, o que ya lo has probado todo y nada funciona, entonces estás en el lugar correcto.

La primera parte del libro desmitifica lo que realmente comporta la crianza de un niño complejo. Te invito, entonces, a que inspires profundamente y exhales con mucha lentitud. Hazlo de nuevo. Haz que tu exhalación dure más tiempo. Ahora podemos comenzar.

Si sientes que simplemente no sabes cómo ayudar a tu hijo, o si ya lo has probado todo y nada funciona, entonces estás en el lugar correcto.

LA HISTORIA DE SARAH

Lo que Sarah más quería era tener una familia, y no lo logró tan fácilmente como esperaba. Ella y su esposo, Jake, se sentían muy agradecidos por tener dos hijos sanos, por lo que les llevó varios años admitir que había problemas en el paraíso. A los ocho años, su hijo mayor era un niño peculiar, emocionalmente sensible, y su hermano menor, de cinco años, estaba siguiendo un camino similar (aunque posiblemente estuviera reflejando a su hermano). Preocupada, Sarah pasó un tiempo considerable buscando ayuda. Jake pensó que Sarah estaba exagerando, que consentía a sus hijos y que estaba siendo demasiado blanda. Tenían enfoques muy diferentes de la situación, y su matrimonio estaba experimentando una fricción para la que no estaban preparados. Cuanto más ayuda buscaba Sarah, mayor era la insistencia de Jake en que tratara a los niños con una mano más firme. El resentimiento de Sarah fue creciendo. Quería desesperadamente que ella y Jake estuvieran en la misma página, pero no sabía qué hacer para que eso sucediera.

1

«Este niño es muy inteligente, pero...»

Seis áreas de dificultad para familias con niños complejos

«Algunas de las situaciones y accidentes que nos causan el mayor sufrimiento, cuando se ven de forma objetiva, no parecen muy grandes. Pero, como no sabemos cómo manejarlos, nos parecen enormes.»

THICH NHAT HANH

Seis áreas clave de dificultad

Tu hijo tiene dificultades y tú también. La cantidad de problemas con los que te encuentras diariamente es impresionante; las historias van desde lo cómico hasta lo aterrador. Y los desafíos que enfrentas afectan todos los aspectos de la vida familiar.

Cuando creamos ImpactParents.com, a Diane y a mí nos resultó útil categorizar esta amplia gama de dificultades en seis áreas clave. Las familias pueden verse afectadas en una sola área, en algunas o en todas ellas. Examina la *idea* de cada categoría para saber si es una dificultad habitual para tu familia.

ÁREA DE DIFICULTAD 1: MANEJO DE LAS EMOCIONES

Ya sea que nuestros hijos se enfaden con rapidez, que sean sumamente tímidos, muy torpes, serios y seguidores de las reglas, rápidos para quitarse las cosas de encima o dados a tomarse las cosas de forma personal, es posible que estén luchando con el manejo de sus emociones. Tal vez sus picos sean más altos y sus mínimos más bajos que los de sus compañeros típicos. Tal vez se vuelven locos cuando las cosas no salen como quieren o cuando escuchan la palabra «no». O quizás se salgan de sus casillas cuando otros no siguen «las reglas». Sean como fueren, están luchando con la autorregulación emocional.

ÁREA DE DIFICULTAD 2: ORGANIZACIÓN

Tu hijo deja un rastro detrás de él, pero no parece darse cuenta. No guarda las cosas y no se inmuta ante el desorden. Tiene dificultades con la planificación, la priorización, la gestión del tiempo y/o la procrastinación. Su habitación es un desastre; su mochila está siempre llena a reventar. No sigue bien las instrucciones y constantemente pierde u olvida cosas. Le cuesta administrar sus pertenencias y hacerse cargo de sus responsabilidades.

ÁREA DE DIFICULTAD 3: HOGAR/ESCUELA

Tu hijo es inteligente (tal vez incluso superdotado), pero a pesar de ello tiene dificultades con la escuela. No está alcanzando su potencial, pese a todos los esfuerzos que haces para ayudarlo a organizarse. Los informes escolares dicen, repetidamente, que podría hacerlo mejor si tan solo «se esforzara más», si prestara atención o se dedicara más a sus tareas. Como si eso fuera fácil. Realiza sus tareas, pero olvida entregarlas, o las olvida, o incluso hace tareas equivocadas. Le cuesta empezar, pide ayuda solo en el último momento o aborrece determinados proyectos. Debe luchar constantemente por conseguir lo que se espera de él.

ÁREA DE DIFICULTAD 4: LOGÍSTICA

Las mañanas, las tardes de los días durante la semana, los fines de semana, la hora de acostarse, e incluso los días en que no hay clase, son más difíciles de lo que deberían ser. Las rutinas básicas parecen imposibles de realizar de manera consistente. Tu hijo requiere recordatorios constantes para hacer la tarea o cualquier otra cosa. A pesar de los recordatorios frecuentes, no piensa de forma secuencial ni recuerda emplear los sistemas que has establecido. Despegarlo del uso de la tecnología es imposible, y los sistemas de recompensa rara vez funcionan por mucho tiempo (si es que lo hacen). A tu niño le resulta difícil seguir los procesos simples que hacen que la vida funcione mejor.

ÁREA DE DIFICULTAD 5: RELACIONES

Las tensiones en el hogar son elevadas y las explosiones no son infrecuentes (protagonizadas por los niños o por los padres). Te preocupa que tu hijos no sepan cómo hacer o mantener amigos. Puede que tengan dificultades para relacionarse con miembros de la familia que no los entienden. No estás de acuerdo con tu pareja sobre la mejor manera de apoyarlos, y tal vez tu matrimonio esté sufriendo bajo la presión. Las niñeras no consiguen manejar a tus hijos. Los amas, pero a veces tú o tu cónyuge no os sentís conectados con ellos. Tus hijos tienen dificultades en sus relaciones.

Emociones

Escuela/trabajo

Organización

Impacto
en la familia

LEVÁNTATE

Relaciones

Logística

ÁREA DE DIFICULTAD 6: IMPACTO EN LA FAMILIA (PADRES O HERMANOS)

Esto no es lo que esperabas cuando te convertiste en padre o madre, y sigues esperando que las cosas mejoren. ¿Quién habría dicho que ser padres sería tan difícil? Te sientes frustrada, decepcionada, triste, avergonzada, culpable y/o irritada. Estás exhausta. A veces no tienes ganas de volver a casa. Tienes mucho por lo que estar agradecida, pero a veces tu culpa secreta es que querrías que todo desapareciera. Estás luchando por criar a un niño complejo.

Cuanto más claros tengas los desafíos a los que te enfrentas, mejor podrás abordarlos. A lo largo de este libro lo haremos juntas, comenzando por cambiar la forma en la que piensas sobre los problemas en tu vida familiar. En coaching, a esto lo llamamos *cambio de perspectiva*.

Perspectiva del coach: Ser padres desde la inspiración, no desde la desesperación

En casi todas las conversaciones que tengo con padres de niños complejos, encuentro profundo amor y lealtad. Los padres somos tenaces. Estamos apasionadamente empeñados en el éxito de nuestros hijos, a menudo a expensas de nuestra propia salud y bienestar. Los padres de hijos complejos somos trabajadores, diligentes, ingeniosos, comprometidos. También estamos exhaustos, abrumados y preocupados, pero obstinadamente comprometidos.

Si no tenemos cuidado, podemos caer en la desesperación. De hecho, «Estoy desesperado» es una de las frases más comunes que escucho en las primeras conversaciones con los padres (generalmente seguida por «Solo quiero un poco de paz»).

La desesperación no es una forma eficaz de inspirar a los niños a alcanzar su máximo potencial. Cuando somos padres desde la desesperación, nos enfocamos en lo que está roto, en lo que no funciona y en lo que nos asusta. Es una fuga de energía basada en el miedo, y nuestros hijos lo perciben. Tanto si creemos que ellos pueden, o que no pueden, acabaremos teniendo razón, y tomarán nuestro ejemplo.

Cuando enfocamos la paternidad desde la inspiración, las posibilidades son infinitas. Es el clásico cambio del pesimismo al optimismo, de ver el vaso medio lleno en lugar de medio vacío. Cuando yo era niña, uno de mis hermanos era un pesimista, y el otro un optimista. Mis padres solían decir

> Reformula tu mentalidad y concéntrate en lo que es posible para tu hijo

que si Optimista entrara en una habitación llena de estiércol, se pondría a removerlo alegremente con una pala, exclamando: «¡Tiene que haber un caballo por aquí en alguna parte!». Yo quería ser un optimista como mi hermano. Incluso cuando era una niña pequeña, sentía que era una forma «mejor» (o al menos más feliz) de vivir la vida.

Es tentador concentrarse en lo que está mal y permitir que eso determine tus respuestas. Pero eso también hace que sea fácil desanimarse. Por lo tanto, quiero alentarte a que uses las áreas de dificultad para aclarar lo que deseas ver mejorado, reformules tu mentalidad y te concentres en lo que es posible para tu hijo.

Mi objetivo con este libro es ayudarte a salir de la desesperación, para que puedas sentirte inspirada por lo que tus hijos pueden lograr, por su capacidad de convertirse en adultos estupendos. ¡Y quiero guiarte para que estés convencida de que estás perfectamente equipada para ayudarles a conseguirlo!

Para estimular a los niños a creer en sí mismos, deberás despojarte de la desesperación. Eso no significa adoptar un enfoque ingenuo con relación a los desafíos que enfrentan o fingir que no existen. Todo lo contrario: significa que empezarás a ver los obstáculos de manera práctica, sin el peso de la vergüenza, la culpa y el miedo. Entonces podrás superarlos con habilidad, confianza y calma.

En mi caso, aprendí a adoptar un término medio entre mis dos hermanos: me convertí en una optimista práctica. Veo los desafíos como lo que son y me pongo a buscar a ese caballo. Tú también puedes hacerlo. Ya sea que busques información para desmitificar las dificultades de tu hijo, aprendas de la experiencia de otros padres o adoptes nuevas formas de abordar viejos problemas, no estás sola. Hay esperanza y posibilidades por delante para ti y tus hijos. Al librarte de la desesperación, descubrirás por ti misma el poder de la inspiración y, en última instancia, empoderarás a tus hijos para que descubran su propio camino hacia su mayor potencial.

UN ESTUDIO DE CASO ACERCA DEL CAMBIO DE PERSPECTIVA

Un cliente me relató esta experiencia y me dio permiso para compartirla:

«He tenido una revelación hoy. Me he dado cuenta de que el TDAH de mi hijo ha sido un peso sobre mi espalda. Pero no todo es malo, y a veces me olvido de ello. Hay muchas cosas asombrosas sobre el TDAH. Parece que mi cerebro y mi corazón gravitaran hacia lo negativo y se olvidaran de integrar lo positivo. ¡Así que he elegido cambiar de perspectiva! Aquí está mi Lista de Reformulación:

- Problemas para prestar atención → Pensamiento flexible
- Hiperactivo → Espontáneo
- Impulsivo → Creativo e ingenioso
- Hiperenfocado → Poseedor de un superpoder
- Distraído → Capaz de ver cambios en el entorno que otros no ven
- Desregulación emocional → Expresión directa de las emociones
- Se distrae fácilmente → Curioso
- Intrusivo → Sentido corregido
- No puede concentrarse → Ve conexiones que otros pasan por alto
- Olvidadizo → Involucrado en lo que está haciendo
- Desorganizado → Espontáneo
- Terco → Persistente
- Malhumorado → Sensible»

Estrategia: Despojarse de los «deberías»

Antes de convertirnos en progenitores, tenemos expectativas sobre qué clase de padres seremos y qué tipo de hijo tendremos. Imaginamos a nuestras parejas como padres y cómo seríamos como familia. Y, luego, tomamos nota de las expectativas de otras personas: las de nuestros padres, suegros, hermanos, vecinos y amigos. Las expectativas de los medios de comunicación, de las parteras, las doulas y los médicos, y las que nos transmiten los libros y las clases sobre el embarazo. Eventualmente, se le añaden los docentes y otros profesionales.

Antes de que nos demos cuenta, estamos intentando vivir en una matriz imposible formada por las expectativas de otras personas. Sus «deberías» nos desconectan de lo que realmente queremos para nuestros niños, nuestras familias y nosotros mismos. Comenzamos a operar con el «piloto automático de expectativas», tratando de cumplir la visión de todos los demás sobre lo que «deberíamos» hacer.

Acabamos aplicando los «deberías» sobre todo el mundo, convencidos de que nuestros hijos deberían:

- Dormir toda la noche a partir de los cuatro meses.
- Aprender a leer antes de ingresar al jardín de infancia.
- Comer cinco piezas de frutas y verduras al día.
- No ingerir edulcorantes.
- Seguir siempre nuestras instrucciones.
- Hablar siempre de forma respetuosa.
- Hacer el trabajo escolar sin quejarse.
- No pelear con sus hermanos.
- Hacer amigos fácilmente.
- No ser tímido, hiperactivo ni mandón.

Y la lista continúa. Comienza con la policía del embarazo (que juzga cada bocado que comes, las horas que trabajas y tu itinerario de viaje); los supervisores de la fecundación in vitro (al decirte que «sencillamente te relajes») y las agencias de adopción (que piden una infinidad de referencias y garantías). Sigue con las decisiones sobre la alimentación, la atención médica y la escolarización. Y seguirá sin cesar, hasta que te des cuenta de algo: que no puedes criar a tu hijo para todos los demás.

Al interiorizar los «debería» y convencernos de que es lo que los «buenos padres» hacen, no nos percatamos de cuánta energía invertimos en cumplir las expectativas de todos. Tú quieres ser vista como una buena madre (y con razón), pero en el proceso, ¿no estás perdiendo de vista lo que es más importante para ti?

¿No estarás aplicándote los «debería» sobre todo a ti misma?

- **Fíjate en tu lenguaje.** Ten cuidado con las palabras y expresiones que implican obligación, tales como «debes», «deberías», «tienes que» o «necesitas» hacer algo.
- **Fíjate en cómo los sentimientos conducen a las acciones.** Evita hacer algo por vergüenza o para influir en lo que otros piensan sobre ti o sobre tus hijos.
- **Fíjate en tus hijos.** Mira si están ocultando dificultades o problemas para aparentar ser un «buen chico».

Para desprenderte del «debería»:

- **Identifica la fuente de cada «debería».** ¿Viene de tus convicciones sobre lo que es importante? ¿O las de otras personas?
- **Decide si es algo es verdadero para ti. Pregúntate:** «¿Qué es lo importante para mí en este asunto?»
- **Cambia tu lenguaje.** Reemplaza el «debería» por «quiero», «voy» o «elijo». Observa cómo hacerlo cambia tus pensamientos y sentimientos.

Una vez que comprendas tus «deberías», hallarás docenas de estrategias a lo largo de este libro para ayudarte a deshacerte de ellos. También te animo a que te esfuerces por conocer tus valores, que son un reflejo de lo que es importante para ti, lo que te representa y le da sentido a tu vida. Si necesitas sugerencias sobre cómo empezar, accede a https://impactparents.com/parents-clarifying-values/. Tus valores son tu mejor guía para tomar decisiones basadas en lo que es más importante para ti como madre o padre, y una forma muy eficaz para despojarte de los «deberías».

Di no a aferrarte al resentimiento

En una publicación del blog «Criar juntos: estar en la misma página», mi esposo David Taylor-Klaus (DTKCoaching.com) escribe:

> «Las conversaciones imaginarias estuvieron a punto de acabar con nuestro matrimonio. Durante nuestra primera década como padres, muchas de las «conversaciones» que Elaine y yo mantuvimos sobre las expectativas en torno a la crianza de los hijos estaban basadas en ideas imaginarias… Cuando uno de los padres siente que lo está haciendo todo solo, se acumula el resentimiento. La comunicación se detiene. La crianza conjunta se desmorona debido a lo *que no se dijo*, en lugar de lo *dicho*».

Cuando crees que las cosas no van como debieran, te pondrás a buscar las razones de tu decepción. Y, cuando sientes que algo no es justo —quizás tu hijo esté enfrentando desafíos, o la mayor parte de la carga de su crianza esté recayendo sobre ti—, se abre camino al resentimiento.

A veces sentimos resentimiento hacia nuestras parejas, otros padres, profesores, incluso hacia nuestros amigos, porque sentimos que no entienden nuestra urgente necesidad de ayudar a nuestros niños. Otras veces, nos autocastigamos al dar tanto a nuestros hijos mientras nos descuidamos a nosotros mismos. De una u otra forma, sentimos culpa o resentimiento.

El resentimiento florece en los silencios y se acumula rápidamente. Impide la comunicación efectiva, poniendo barreras a la conexión y la intimidad. Conduce a juzgar y culpar, a tomarse las cosas personalmente y a sentirse engañado. En realidad, el resentimiento se desvanece cuando la comunicación es abierta.

«Muchas cosas cambiaron durante un período de muchos años, pero lo que está claro para nosotros ahora es que nunca nos dimos por vencidos, tanto en nuestra relación de pareja como con respecto a la familia que queríamos crear entre todos. Elaine nunca se dio por vencida conmigo, incluso cuando no estábamos en la misma página. Confiaba en que mis intenciones eran buenas. Con el tiempo, a medida que aprendía más sobre el TDAH, ella encontró maneras de compartir su aprendizaje conmigo a pesar de mi reticencia. Empezamos a tener conversaciones con menos juicios, menos resentimiento y más aceptación, tanto mutua como de nuestros hijos.»

El mayor desafío a la hora de dejar ir el resentimiento es que nos aferremos a él porque nos sentimos justificados. El resentimiento parece más fácil que tener conversaciones difíciles. Sentimos que es más seguro estar resentidos que compartir nuestras verdades o expresar lo que realmente queremos para nosotros y para nuestros hijos. Desprendernos del resentimiento sin culpar a otros ni sentir culpa requiere asumir nuestra vulnerabilidad, lo cual no es fácil para ninguno de nosotros.

David finaliza su artículo con este reto para los padres: «Iniciad una nueva conversación. Preguntad qué es importante para vuestra pareja o la persona con la que compartís la crianza. ESCUCHAD. Sed curiosos. No toméis ninguna decisión trascendente. Simplemente, examinad las perspectivas de cada uno y buscad puntos en común».

Cuando te sientes tratada de forma injusta, puede que tengas buenas razones para sentirte así. Es probable que, efectivamente, las cosas no sean justas. Pero recuerda: el resentimiento se encona y es destructivo, evitando que seas el tipo de padre o madre que realmente quieres ser. Dejar de aferrarte al resentimiento depende de ti. Tú eres quien puede soltarlo; sé que no es fácil hacerlo, pero te aseguro que vale la pena el esfuerzo.

Di que sí a la aceptación

Mi hijo mayor siempre marchó al ritmo de su propio tambor. En verdad, estaba bailando al son de una orquesta muy diferente. Aunque yo creía firmemente que era bueno que bailara con su propia música, a veces era difícil para mí seguir bailando yo misma. ¡En realidad, la mayor parte del tiempo no tenía ni idea de qué música estaba sonando!

Con los años, me encontré un poco perdida con cada uno de los hitos de su infancia. No estaba sincronizada con lo que vivían mis amigos, y a veces sentía un poco de celos. Fue difícil encontrar mi lugar entre mis pares cuando mi hijo estaba siguiendo un camino tan diferente A veces, logré tomármelo con calma. Otras, sus «diferencias» cayeron sobre mí como una tonelada de ladrillos.

Su graduación de la escuela secundaria fue un gran ejemplo. Durante años imaginé a mi hijo cruzando el escenario en Symphony Hall el día de la graduación. En lugar de ello, se graduó en otra escuela, en otro estado, en una clase de quince niños adolescentes en una escuela «2E» para niños excepcionales, tanto superdotados como con problemas.

Asistimos a la graduación, realizada en un estilo informal y encantador, rodeados de padres a los que no conocíamos. Si bien me sentí como una invitada en mi propia boda, tenía más en común con esos padres de lo que creía. Aunque no nos conocían en absoluto, estos padres entendían nuestro viaje y lo que significó criar a un niño sumamente brillante y complicado. Podían comprender el desafío de educar a un niño para quien «hacer la tarea» no era algo que se diera de forma natural.

> En cierto momento, todos los padres necesitan modificar sus expectativas para que se adapten al niño que tienen, no al que pensaron que tendrían.

Además de obtener un diploma de escuela secundaria ganado con esfuerzo, mi hijo adolescente alcanzó un hito importante junto a sus compañeros. Marcharon con toga y birrete, pero con botas de tipo militar forradas con motivos florales. Sus éxitos, tanto dentro como fuera de la escuela, fueron reconocidos y celebrados. Me sentí complacida al compartir el momento con otros padres.

He aprendido a aceptar y abrazar el camino de mi hijo en la vida. Y, cuando me doy cuenta de que aún estoy asistiendo a un juego al que él ya no está jugando, me recuerdo a mí misma, con delicadeza, que mi hijo salió del campo en busca de otro juego más adecuado para él, y me siento muy orgullosa.

Nuestras vidas están entrelazadas con las de nuestros hijos; nuestra visión de ellos está estrechamente ligada a la visión que tenemos de nosotros mismos. Cuando sus dificultades cambian el curso de su futuro, nuestra visión de nosotros mismos se ve afectada. Aceptar a nuestros hijos tal como son significa, a menudo, reimaginar nuestros propios sueños.

A fin de apoyar a los niños en su crecimiento y desarrollo, en cierto momento todos los padres deben modificar las expectativas para adecuarlas al hijo que tienen, no al que pensaban que tendrían. Como dijo Ross Greene, orador principal del Congreso Internacional sobre TDAH de 2019: «La tarea más importante de los padres es averiguar quién es su hijo. Debemos sentirnos cómodos con ello».

Diálogo interno: Espera lo inesperado (¡A por ello!)

En otros tiempos, impartí clases de yoga preparto. Me encantaba ayudar a las parejas a prepararse para los retos físicos y emocionales del parto y los desafíos inesperados de la paternidad posparto. Aquellos años me aportaron impresionantes perlas de sabiduría. La lección más duradera fue aplicar el dicho «El hombre propone y Dios dispone» a la crianza. En pocas palabras, debemos esperar lo inesperado y estar preparados para cualquier cosa. Es un lema para la vida.

Con niños complejos, es razonable esperar que las cosas no siempre saldrán como planeamos. Habrá contratiempos en tu camino que nunca habrías imaginado. A veces, te desviarán de tu rumbo.

Pero la mayor parte del tiempo, las situaciones que vivimos no son tan graves como las vemos. Por lo general, lo que más nos molesta es que las cosas no salgan según lo planeado. Eso puede resultar estresante, tanto para nuestros hijos (especialmente para aquellos que sufren ansiedad) como para nosotros.

Cuando las cosas no salen bien, podemos asustarnos y reaccionar, verlo todo con pesimismo y luchar contra el cambio. O podemos abrazar lo inesperado y ver el lado positivo. En cualquier dificultad, generalmente hay una oportunidad para fomentar la resiliencia y el aprendizaje. La capacidad de ver las cosas como una posibilidad en lugar de una catástrofe es lo que yo llamo una actitud «¡A por ello!». Este principio me brindó un enorme consuelo como madre.

Quiero que aprendas a confiar en ti misma, que sepas que, sea lo que sea lo que te depare la vida, ¡tú tienes lo que hace falta! Puedes golpear, atrapar, esquivar, lo que sea necesario. No importa cuál sea la sorpresa —y habrá sorpresas—, puedes aprender a confiar en tu creatividad e ingenio, y en tu capacidad de manejar lo que se te presente.

Acabarás por aprender a hacerlo con gracia, con una sonrisa y tal vez incluso intentando no reír cuando tu hijo trate de que un rollo de papel higiénico entero pase por el váter (historia real). ¿No preferirías reír que llorar en esos momentos?

CÓMO RECORDAR «¡TÚ TIENES LO QUE HACE FALTA!»
Recuérdate a ti misma que lo inesperado, en realidad, es lo esperado.

Estar disgustada ante algo inesperado es un sentimiento legítimo. Cuando las cosas empiezan a escalar, maneja conscientemente los sentimientos intensos que experimentas, y enséñales a tus hijos a hacer lo mismo. Los niños pueden derribar bloques o gritar dentro de una almohada cuando se enfadan. Respeta los sentimientos intensos y practica la recuperación de los disgustos (consulta el capítulo 2).

Evita que tus hijos se sientan «mal» por no tener el tipo de autocontrol que a ti (y a ellos) les gustaría. Ayúdales a ver que la autogestión requiere tiempo. Cambia tu forma de pensar. Por ejemplo:

- Si tu hijo está muy acelerado, ayúdale a aprender a reducir la velocidad él mismo.
- Recuerda que tu hijo necesita estimulación constante.
- Acepta el hecho de que el autocontrol se desarrolla gradualmente, un gesto de buenos modales en la mesa cada vez.

- Corrige sin juzgar, para que no se sienta avergonzado por no estar lo suficientemente desarrollado.

Apunta a mantener la calma en respuesta a cualquier cosa inquietante que suceda (ver capítulo 5). Cuanto más tranquila estés, mejor será para todos.

Recuérdate a ti mismo «tengo lo que hace falta» cuando compruebes que efectivamente es así, para que puedas creer en ello en los momentos en que no estés tan seguro. Apóyate en tus éxitos. Incluso cuando no sepas qué hacer de inmediato, confía en que lo resolverás.

Recuerda que, por lo general, eres un adulto capaz. De verdad. Cuando pones tu mente en ello, eres ingeniosa, competente y efectiva. No tienes que haber lidiado con algo previamente para saber que puedes hacerlo. Sea lo que fuere lo que te depare el destino, ¡tienes lo que hace falta para enfrentarlo!

Preguntas para el autodescubrimiento

- ¿Cuáles de las seis áreas de desafío se relacionan contigo?
- ¿Cómo crías a un niño a partir de la inspiración? ¿Y qué ocurre cuando lo haces a partir de la desesperación?
- ¿De qué «debería» quieres desprenderte?
- ¿Qué resentimientos experimentas?
- ¿Qué quieres aceptar?
- ¿Cuándo te recordarás a ti mismo «yo tengo lo que hace falta»?

LA HISTORIA DE JANINE

La manzana no cae lejos del árbol. Janine probablemente tiene TDAH y ansiedad al igual que sus hijos, aunque nunca ha sido diagnosticada ni tratada. Antes de tener una familia, se las había arreglado para terminar la escuela y hacerlo lo suficientemente bien, aunque tendía a castigarse a sí misma por las tardanzas crónicas, los olvidos y los errores «estúpidos». Se casó con un hombre organizado, que se sintió atraído por su exuberancia vital. Cuando tuvo que hacerse responsable de llevar una casa con tres hijos, su esposo la acusó de no esforzarse lo suficiente. No importaba lo bien que se vieran las cosas por fuera, por dentro ella estaba con frecuencia al borde de las lágrimas, excepto cuando se enojaba y arremetía, a veces contra sus hijos, pero principalmente contra su cónyuge y contra ella misma. Cuando le sugerí que depusiera las armas y se perdonara a sí misma para empezar a manejar sus dificultades de manera efectiva, lloró de alivio. Era la primera vez que se daba crédito por lo que estaba logrando (contra todo pronóstico), en lugar de castigarse por lo que no lograba hacer.

Conclusión: Janine tendía a atacarse a sí misma y a menudo estaba al borde de las lágrimas, excepto cuando se enojaba y arremetía contra otros o contra ella misma. Cuando sugerí que soltara el palo con el que se había estado golpeando durante tantos años, lloró aliviada.

2

«Esto no es lo que esperaba»

La crianza de niños complejos es diferente

«Un buen ambiente permite que se manifieste lo mejor de nosotros. Un ambiente tóxico puede sacar lo peor de nosotros.»

THICH NHAT HANH

Reacciones comunes (pero inútiles) de los padres

Cuando la vida te ponga obstáculos, no sigas atacando el problema sin cambiar su enfoque. Aunque no existe una manera única y «correcta» de ser padre, hay algunos enfoques que definitivamente no son positivos, e incluso pueden hacer las cosas más difíciles para todos, incluyéndote a ti.

Aquí hay algunas respuestas poco óptimas y frecuentes de los padres que crían a niños complejos. A veces estos enfoques funcionan, por lo que resultan atrayentes; con el tiempo, sin embargo, por lo general crean fricciones. Si ya has puesto mucho esfuerzo en tratar de ayudar a tu hijo —leyendo libros, consultando a médicos, incluso asistiendo a clases para padres— esta sección puede ayudarte a comprender la razón por la que las cosas aún no se han resuelto. (También puedes probar utilizar el Cuestionario de Estilo de Crianza en impactparents.com/help-for-parents/parenting-style-quiz/.) El resto de este capítulo te ofrecerá maneras de adoptar un nuevo enfoque.

Eva Enfadada y Ernesto Enfadado: Te enfadas y pierdes los estribos con demasiada frecuencia, aunque no quieras. Es tan frustrante. Hagas lo que hagas, nunca parece ser suficiente. Sientes que no puedes tomarte un respiro. Dices: «Siento que estoy siempre gritando, pero no es mi estilo».

Susana Supermadre: Eres como una malabarista que mantiene todas las pelotas en el aire. Parece que lo tuvieras todo bajo control, pero estás haciendo demasiado y eso no es sostenible. Quieres que los otros den un paso al frente y hagan su parte como corresponde, pero no tienes tiempo ni ayuda para enseñarles cómo hacerlo. Prefieres, secretamente, hacerlo todo tú misma, mientras te sigues quejando: «¡Lo estoy haciendo todo, pero esto ya es demasiado!».

Patricia Perdida: Te sientes sola, rodeada de gente que no entiende lo que estás atravesando. Estás haciendo todo lo que puedes por apoyar a tus hijos, te aseguras de que tu casa funcione sin problemas y gestionas las necesidades de todos. Has perdido el sentido de la dirección y sientes que estás corriendo en círculos. Dices: «No sé qué hacer. Me siento perdida y sola».

Eva Enfadada   Ernesto Enfadado   Susana Supermadre   Patricia Perdida

---

UNA NOTA SOBRE LOS ESTEREOTIPOS DE GÉNERO

Eva Enfadada y Ernesto Enfadado son un recordatorio de que todos tenemos muchas de estas tendencias, independientemente de nuestro género. Las mujeres pueden ser Dani Distante y los hombres pueden ser Gloria Gruñona. Debido a que la mayoría de nosotros podemos sentirnos identificados con varios de estos personajes, no dejes que fijarte en el género te impida identificar tus tendencias.

Lola al Límite: Estás abrumada y ya no sabes qué hacer. Nada parece funcionar, y en el fondo ya estás harta de intentarlo. Quieres ser una buena madre, pero a veces tienes ganas de darte por vencida. ¡Quieres hacer algo, *lo que sea*, para que las cosas cambien! Dices: «Estoy exhausta. ¿Cuánto tiempo más puedo seguir así?»

Lola al Límite   Alberto Arreglatodo   Gloria Gruñona   Ana Ansiosa

Alberto Arreglatodo: Has intentado lo imaginable para ayudar a tu hijo. Pruebas una cosa y otra, decidido a encontrar una solución que funcione. Ves lo que hay que hacer y con frecuencia le ofreces a tu hijo sistemas para que lo haga (aunque rara vez lo hace). Dices: «Haré lo que sea necesario para ayudar a mi hijo».

Gloria Gruñona: Estás constantemente recordándoles a tus hijos sus responsabilidades y dándoles cosas que hacer, solo para asegurarte de que estén haciendo algo. Tus hijos se enojan contigo con frecuencia y quieren que los dejes en paz. Dices: «Si no se lo recuerdo, no lo harán».

Ana Ansiosa: Siempre estás preocupada por lo que no se está haciendo o por lo que podría salir mal. Eres catastrofista y te preocupa que tú o tu pareja no estéis haciendo lo suficiente como padres. Controlas tu ansiedad planificando e intentando que sigan cada pequeño procedimiento que estableces. Dices: «Estoy preocupada por lo que pudiera pasar».

Claudia Complaciente   Nico Negador   Javi Juguetón   Dani Distante

Claudia Complaciente: Eres amable y cariñosa. No pones límites, pero, cuando lo haces, por lo general no reaccionas cuando no se te hace caso. No te gusta la forma en la que los miembros de la familia se dirigen a ti, pero no sabes qué hacer. Solo quieres que todos en la familia se lleven bien y se sientan seguros, pero siempre hay alguien que está molesto. Dices: «Solo quiero que todos sean felices».

Nico Negador: Tu actitud es «esperar y ver». Crees que, si tu hijo se esforzara, las cosas irían bien. Estás esperando a que crezca y pase esta etapa. No quieres que lo evalúen porque te preocupa el «estigma». Te resistes a buscar un diagnóstico porque no quieres que lo use como excusa para el mal comportamiento. Dices: «Él debe aprender a hacer lo que se le dice».

Javi Juguetón: Te encanta jugar con tus hijos y eres el padre divertido. Cuando tu cónyuge (o tu ex) trata de hablar sobre los problemas, no tienes mucho que decir; las cosas en realidad no están tan mal. Estás contento de no tener que hacer el «trabajo pesado» de la crianza de los hijos, pero crees que no se te reconoce el mérito por tomarte las cosas con calma. Dices: «No sé por qué estás tan preocupada».

Dani Distante: Quieres ser positivo, pero estás constantemente decepcionado y sientes que no tienes mucho que decir en el asunto. No esperabas que la crianza de los hijos exigiera tanto de ti y, a veces, tienes ganas de tirar la toalla. Dices: «¿Por qué no puede simplemente hacer lo que se espera de él (o de ella)?»

Enrique Exigente   Diego Defensivo   Arturo Autoritario

Enrique Exigente: Tienes altas expectativas sobre tus hijos; pones el listón muy alto para que no puedan alcanzar su máximo potencial. Aceptas que tu hijo tiene dificultades, pero no quieres que se usen como excusa. Crees que tu pareja los consiente, cuando lo que los niños necesitan es superar desafíos para tener éxito. Dices: «Tienes que hacer lo que se espera de ti».

Diego Defensivo: Te preocupas por ser un buen padre y quieres que los demás lo vean de esa manera. Ves el respeto y la obediencia de los niños como un reflejo de ti mismo, por lo que tiendes a tomarte las cosas de forma personal. Si sientes que no te respetan, puedes arremeter echando culpas; si te avergüenzan, puedes tratar de evitar el conflicto o la humillación. Dices: «No puedes hablarme de esa manera» o «No es mi culpa».

Arturo Autoritario: No tuviste un camino fácil cuando eras niño, pero resultaste bueno. La escuela de la dureza funcionó para ti, y crees que funcionará también para tus hijos. Tienen que aprender a aguantar y a hacer lo que se espera de ellos. Claro, es difícil, pero tienen que seguir adelante y aprender a convivir con la decepción. Dices: «Los niños tienen que aprender que la vida no es justa».

Perspectiva del coach: Hasta ahora

Hace unos años bajé mucho de peso. Nunca me puse a dieta. No leí ningún libro. De hecho, después de tres hijos, había decidido aceptar mi cuerpo de mujer de mediana edad tal como era, con un exceso de peso de unos once kilos. Decidí dejar de preocuparme por mi peso. En lugar de ello, me centré en estar saludable y realizar un cambio menor cada vez. Después de todo, aquello a lo que prestamos atención crece (o se encoge, en este caso). Perdí más de trece kilos simplemente centrándome en tomar decisiones saludables y volver a proponérmelo cada día.

El cambio duradero ocurre cuando modificamos nuestra perspectiva y miramos hacia adelante, hacia el futuro, centrándonos en lo que está por delante de nosotros en lugar de lo que ha sucedido en el pasado, lo que ha pasado hasta ahora. Esto es cierto para todo tipo de padres.

Si eres una madre o un padre neurotípico, con tus funciones ejecutivas intactas, puede parecerte alucinante que los demás padres no aborden las cosas de manera tan clara, metódica o eficiente como lo haces tú. Tú investigas, consultas a expertos y creas sistemas para tener las cosas bajo control; o, tal vez, redoblas la disciplina.

Si tú mismo eres un padre o una madre compleja, es probable que hayas estado luchando durante años, tratando de manejarlo todo. Es realmente desalentador verte obligada a tomar decisiones médicas complejas cuando estás rodeada de estigma y de información errónea (ver capítulo 5). La crianza de los hijos se vive como un juego de Jenga, esperando que todas las piezas se derrumben.

De cualquier manera, cuando te enfocas solo en lo que está mal, es difícil encontrar un camino positivo. Es casi imposible hacer un cambio sostenible en la vida sin cambiar el pensamiento o la mentalidad subyacentes, y eso nos retrotrae a dos palabras clave: *hasta ahora.*

No puedes cambiar nada de lo que ha sucedido en tu vida hasta ahora. Problemas escolares, dinámicas de las relaciones, disputas, momentos embarazosos, elecciones de las que te arrepientes: no puedes cambiar nada del pasado.

La belleza de este momento es que tienes el poder de cambiar lo que suceda de ahora en adelante. Hasta ahora, has hecho lo mejor que has podido con lo que tenías a tu alcance. Tal vez has tratado de obtener apoyo para tu familia. Quizás has seguido los consejos de amigos, familiares y profesionales, aunque no siempre hayas obtenido resultados.

A partir de ahora, tienes la oportunidad de empezar de nuevo. Armada con el arsenal pacífico de herramientas y estrategias de este libro, puedes adoptar una nueva perspectiva. Tienes la oportunidad de intentarlo de nuevo.

Tomar decisiones es de lo que trata la vida. En esencia, todo es una opción, incluso cuando te sientes como si no tuvieras ninguna. Cada acción, cada inacción, cada conversación iniciada y cada conversación evitada es una elección.

Crear un cambio no consiste solamente en establecer la siguiente acción. En realidad, se trata de tomar conciencia de las elecciones que haces cada día, elecciones que están influenciadas por tus pensamientos y las palabras que te dices a ti misma.

Dado que estás tomando decisiones cada momento de cada día, la perspectiva «hasta ahora» puede liberarte para tomar decisiones que conducen a un cambio genuino y duradero. Se basa en la consciencia de las elecciones que haces, un cambio de perspectiva acerca de lo que es posible y la convicción de que puedes influir en las circunstancias que causan dificultades en tu vida.

La belleza de este momento es que tienes el poder de cambiar lo que ocurra... a partir de ahora.

Hasta ahora, el cambio puede no haber parecido posible; ahora depende de ti.

Estrategia: Gestionar conscientemente los detonadores (cuatro pasos para escapar del ciclo del estrés)

¿Luchas por mantener la calma cuando tú o alguien a tu alrededor comete un error sencillo (aunque significativo)? ¿Te resulta difícil mantenerte tranquila cuando son tus hijos quienes pierden la calma?

Todos perdemos la calma alguna vez. Es parte de la naturaleza humana sufrir un colapso o un estallido cuando se nos empuja más allá de nuestros límites. A veces funciona para atraer la atención, pero es contraproducente a largo plazo.

Reaccionar de forma exagerada no hace más que enseñar a los niños que está bien perder los estribos cuando las cosas no salen como quieren. Cuando estás molesta, la forma en la que respondes es para tus hijos una lección sobre cómo manejar situaciones desagradables. Al gritarles, podrías hacer que hagan las tareas domésticas que les corresponden, pero no les enseñarás a asumir responsabilidades ni a manejar fuertes emociones. Además, sin duda, les será más difícil concentrarse en la tarea.

Cuando estás al borde del estallido, necesitas realizar un esfuerzo gigantesco para mantener el autocontrol, para ser el «adulto» cuando se dispara una crisis. Al aprender a mantener la calma, cambias el patrón para todos en el ámbito familiar. Así es como puedes comenzar a hacerlo:

CUATRO PASOS PARA ESCAPAR DEL CICLO DEL ESTRÉS

Reconocer cuándo el cerebro de una persona es provocado. Según el Instituto Americano del Estrés, más del setenta por ciento de las personas dicen que «experimentan regularmente» síntomas «causados por el estrés», por lo que probablemente saben cómo se siente el estrés. Durante el estrés, el cerebro primitivo opera como si hubiera entrado un tigre de dientes de sable en la cueva, al apoderarse del lóbulo frontal y producir el asalto a la amígdala, una expresión que describe una respuesta de «lucha, huida o congelación», acuñada por Daniel Goleman en su libro *Inteligencia emocional*[2], publicado en 1995. Es una respuesta útil cuando se evita un accidente automovilístico accionando los frenos, pero no es útil si te ocurre cada vez que recibes el correo electrónico del profesor de tu hijo. Cuando la situación se pone tensa, observa si alguien se está poniendo nervioso (discutiendo o poniéndose a la defensiva).

7. **Recuperar el cerebro del asalto a la amígdala.** Enfócate de inmediato en calmar las cosas y evita empujar a nadie al límite. De la misma manera que se desconectan las sirenas tras una falsa alarma, recuperas el cerebro respirando profundamente, dando paseos, bebiendo agua, saliendo a correr, mirando un

---

2. Daniel Goleman (1996, 2021), *Inteligencia emocional* (trad. D. González Raga y F. Mora). Editorial Kairós.

video divertido, acariciando al perro, etcétera. (¡Sí, bebiendo agua! Al hacerlo envías un mensaje al cerebro primitivo, que reacciona como si estuvieras en un abrevadero, un lugar seguro.) Esto puede llevar tiempo, así que ten cuidado con la «falsa calma» (la que se produce tras respirar de forma superficial tres veces seguidas y decirse «Está bien, ahora estoy tranquila»). Tómate el tiempo para calmarte *realmente*, con humor y paciencia.

8. **Inventa una nueva historia que funcione para ti.** Las historias que nos contamos a nosotros mismos pueden ser dañinas o útiles; nos preparan para el fracaso o para el éxito; nos asustan o nos calman. Inventa una historia útil, en la que puedas creer.

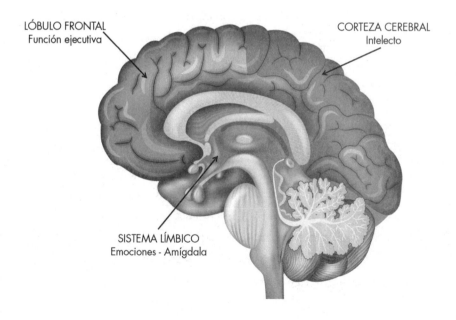

LÓBULO FRONTAL
Función ejecutiva

CORTEZA CEREBRAL
Intelecto

SISTEMA LÍMBICO
Emociones - Amígdala

Por ejemplo, pensar «este niño de siete años es un mocoso insoportable» te llevará a tratarlo como si fuera detestable a propósito. Pero diciéndote a ti misma «Está avergonzado», o «Es un niño pequeño y asustado que necesita que lo tranquilicen» puede llevarte a la compasión.

La hija de una clienta, una niña de once años extremadamente ansiosa, rogaba que la dejaran jugar al hockey con los varones, pero luego se resistía a ir a las prácticas. Su madre se sintió manipulada, pero cuando se le preguntó «¿Qué más es verdad?», se dio cuenta de lo que pasaba. «El miedo es real para ella. No está tratando de ser difícil. Realmente quiere jugar, pero está aterrorizada». La nueva historia allanó el camino para una mejor comprensión y conexión, y dio buenos resultados.

9. **Toma medidas basadas en la nueva historia.** Una vez que la madre supo que había una explicación razonable para el comportamiento de su hija, trabajaron juntas para que le permitieran asistir a las prácticas de hockey y ayudó a su hija a encontrar, poco a poco, maneras de participar. Fue un gran avance.

Aprender a escapar del ciclo del estrés puede tomar tiempo, así que sé amable contigo misma en el proceso. Recuerdo una tarde en que descargar el lavavajillas se convirtió en una gran pelea. Estaba tratando de ayudar a mi hijo a calmarse y mi esposo pensó que lo estaba justificando. Se opuso a mi postura, argumentando: «Es su trabajo, y debe hacerlo ahora». Me sentí entre la espada y la pared. Sabía que evitar que la discusión subiera de tono era más importante que retirar y guardar los platos, pero era difícil expresarlo de una manera que él lo pudiera aceptar. Con calma, le dije: «Por favor, confía en mí; él necesita calmarse primero», retirándome de la discusión hasta que todos nos tranquilizamos.

Di que no a la negación

Sabíamos que mi hijo mayor era complejo cuando cumplió las dos semanas (cólicos), luego a los dos años (alergias), luego a los cuatro (aprendizaje), luego a los seis (emociones). Abordamos cada problema de salud de forma individual. Para ser honesta, fueron ocho (acompañados de los correspondientes diagnósticos) antes de que aceptáramos que tenía «necesidades especiales». No pude comprender plenamente el impacto de esa realidad hasta que cumplió los diez años.

Pensé que estaba abordando sus desafíos en cada tramo del camino. En cierta forma, lo hacía. Hubo terapias, médicos y especialistas en abundancia. Pero durante muchos años estuve centrada en los detalles y se me escapaba el panorama general.

Mientras nadaba en las profundas aguas de la negación, perdida en medio de la corriente, seguía creyendo que era suficiente con saber nadar.

¿Alguna vez has sentido que estás atrapada en el río fangoso de la negación? Una parte de ti sabe que está pasando algo que necesita tu atención; la otra insiste en fingir que no pasa nada. En realidad, la mayoría de nosotros nos comportamos de esa manera. Solo cuando admitimos que nuestros hijos necesitan nuestra ayuda podemos empezar a salir de las aguas de la negación.

En mi caso, tal vez quería asegurarme de que las cosas resultaran como lo había planeado, y me aferré a mis sueños sobre el futuro de mi hijo (y el mío propio). Quizás lo hice porque tenía miedo de perder el control por completo. Pero, lo que sea que estaba haciendo, claramente no estaba funcionando. Me llevó una década entender que, para mantenerme fiel a mi visión de criar a un niño saludable e independiente,

> Para guiar a tus hijos hacia la seguridad y el éxito, reconoce sus dificultades (y las tuyas) y enfréntalas con decisión.

necesitaba cambiar mi forma de pensar y enfocar las cosas de manera diferente.

ALGUNAS SEÑALES DE NEGACIÓN

¿Estás tratando de proteger a tu hijo diciéndote alguna de estas cosas?

- No quiero el estigma de que le pongan una «etiqueta».
- Tal vez sea una fase. Aguardaré, tendré esperanza y «normalizaré» la vida hasta que crezca y todo pase.
- No le hablaré sobre el diagnóstico, para que no lo use como excusa.
- No quiero que piense que le pasa algo.

¿Tratas de protegerte pensando cosas como estas?

- Ya estoy bastante abrumada. No puedo manejar nada más.
- A mi hijo no le pasa nada malo. Soy un buen padre (o madre).
- Puedo arreglar esto antes de que se convierta en un problema real.
- Estoy haciendo todo lo que sugieren los expertos, así que todo saldrá bien.

Para guiar a tus hijos hacia la seguridad y el éxito, lo mejor es reconocer sus dificultades (y las tuyas) y enfrentarlas con decisión.

Dados los desafíos que enfrentan nuestros hijos, ya es bastante difícil guiarlos para que sigan su camino y desarrollen una visión para sí mismos. Es casi imposible hacerlo cuando nos convencemos de que no hay nada esencial que necesite de nuestra atención.

El mayor regalo que puedes darte a ti misma y a tu hijo complejo es reconocer que cualquier problema al que se enfrente tu hijo es uno de esos baches en su desarrollo que requiere una corrección de rumbo. No es una barrera, pero exige una navegación cuidadosa.

No tienes que abandonar tus metas y sueños al aceptar que las cosas no van según lo planeado. De hecho, ¡aférrate a tus sueños! Serán extremadamente útiles tanto para ti como para tu hijo.

Pero tampoco tienes que quedarte atrapada en el río fangoso de la negación. Es asustador estar allí, metido en el lodo. Cuando aceptes y reconozcas que está sucediendo algo que necesita tu atención, podrás salir a la superficie y obtener la ayuda que necesitas para sortear los obstáculos que amenazan el camino de tu hijo, para que podáis navegar hacia el éxito.

Di que sí al perdón

Era un lunes por la mañana. Estaba tratando de hacer que los niños se pusieran en movimiento cuando oí a mi esposo gritar: «Poneos los zapatos todos, y salid afuera. ¡AHORA MISMO!».

Me puse alerta. Él parecía tranquilo, pero me di cuenta de que algo era urgente. Además, ¿por qué todavía estaba en casa? Lo llamé y me respondió: «He tenido un momento de TDAH y necesito ayuda, por favor». Su voz estaba tensa. Lo admiré por mantener la calma, aunque yo misma estaba cada vez más nerviosa.

Salí a la calle para evaluar la situación. Era como una escena de la novela *Christine*, de Stephen King. Dos faros me miraban desde el bosque, burlándose de mí. El Toyota Prius de mi esposo estaba a mitad de camino rodando cuesta abajo, a escasos centímetros de un roble gigantesco y de la valla de madera de nuestro vecino.

Volví adentro para reunir a las tropas. Me puse algo para cubrir mi blusa blanca, porque era probable que las cosas se volvieran engorrosas. Les pedí a todos que se pusieran zapatos cerrados y pantalones largos (hay que ser específico con los niños complejos). Imaginé que las serpientes con las que podríamos encontrarnos estarían un tanto enfadadas.

Trabajamos en equipo para sacar el coche del bosque. Hubo un momento crítico, pero pronto estuvo fuera de peligro. En cinco minutos, el drama había terminado, todos habían vuelto a su actividad de siempre, mi camisa seguía estando limpia y mi esposo se dirigía a su reunión. Lo manejamos todo como estrellas de rock.

En el mundo de los niños complejos, todos los días se parecen un poco a ese lunes por la mañana.

LOS 4 PASOS PARA ESCAPAR DEL CICLO DEL ESTRÉS EN ACCIÓN

Cuando mi hija con TDAH, ansiedad y dislexia se estaba volviendo loca con una tarea de escritura de la escuela secundaria, usé esta estrategia. Manteniendo mi tono de voz lo más natural posible, le dije:

Paso 1: «Cariño, ¿te das cuenta de lo que esto te está provocando?» Ella asintió, explicando entre sollozos por qué todo estaba tan mal. Yo la escuché.

Paso 2: «¿Qué estrategias has usado hasta ahora para calmarte?». Ella sollozaba. «¿Qué pasa si haces algunas respiraciones profundas y lentas? Te traeré un poco de agua.» Nos tomamos el tiempo para ayudarla a recuperar su cerebro.

Paso 3: «¿Qué piensas sobre esta tarea en este momento?» Mi hija enumeró las razones por las que no podía con ella. Cuando se hubo desahogado, le resumí: «Estás pensando que no eres capaz de hacer este proyecto». Ella asintió. «¿Qué pasa si eso no es cierto en realidad? ¿Hay alguna otra forma de verlo que no sea tan estresante?» Exploramos muchas opciones hasta que ella dijo: «No tengo que escribir todo el artículo esta noche, solo el enunciado de la tesis». Eso era cierto, podía creer en ello, y era algo mucho más fácil de manejar para ella.

Paso 4: «Ahora que ves que tienes que escribir solo la enunciación de la tesis por el momento, ¿qué es lo primero que debes hacer?»

- Hay emoción y entusiasmo. La adrenalina está a tope, y respondemos a las aventuras de la vida con un desborde de energía. En un buen día, lo hacemos además con un humor excelente.
- Ante situaciones inesperadas, puede haber una gran necesidad de perdón. Cometemos muchos errores simples, consecuencia natural de la unión de la impulsividad con la desatención. Sé que todos cometemos errores, pero los nuestros son mayores, mejores y más frecuentes.

El arte de vivir bien con niños complejos consiste en lograr el equilibrio entre entrar en acción y manejar el tormento de la derrota. No importa cuántas estrategias implementemos, tendremos esos «momentos TDAH». Perderemos una cita, olvidaremos un viaje compartido a la escuela o reaccionaremos de forma exagerada y perderemos los estribos. Somos humanos. Cuando lo hacemos, perdonarnos a nosotros mismos y a los demás es tan importante como la capacidad de respuesta. Quizás aún más.

Esta historia es un ejemplo clásico. Mi esposo, que estaba llegando tarde a una reunión, puso en marcha el coche en el garaje, lo puso en marcha atrás para retroceder y en ese momento recordó que se había dejado algo en casa. Tras ir a buscarlo, regresó para coger el coche y lo encontró avanzando cuesta abajo por el camino que llevaba hacia el garaje. No había oído al Prius, que había comenzado a moverse cuando el motor de gasolina se puso en marcha. Fue un simple error.

Afortunada y milagrosamente, nadie resultó herido. No hubo prácticamente daños, excepto unos pocos arañazos y un poco de orgullo magullado.

En lugar de castigarse a sí mismo, mi esposo manejó la situación maravillosamente. Respondió con rapidez, obtuvo la ayuda que necesitaba, mantuvo la calma y el sentido del humor y dejó el asunto atrás al finalizar la crisis.

> No tienes por qué abandonar tus metas y tus sueños cuando aceptas que las cosas no van como lo habías planeado.

Estoy segura de que se sintió avergonzado cuando llegó tarde a su reunión, pero al menos tuvo una gran historia que contar. Hizo un gran trabajo al explicar el autoperdón ante sus compañeros y su familia.

Cuando se cometan errores —y se cometerán—, trata de tomarlos a la ligera. Practica el perdón radical y recuerda mantener tu sentido del humor. Quién sabe, ¡quizás el próximo coche que salga del garaje por sí solo sea el tuyo!

Autodiálogo: Baja el listón

Un verano, durante una cena familiar, nos sentamos a la mesa tarde y fue inusualmente caótico:

- Mi hija mediana quería una comida detrás de otra en su plato.
- Mi hijo menor hablaba sin cesar, mientras comía la piel crujiente del pollo con los dedos.

- El mayor bromeaba, divertía y hacía enfadar a los demás, mientras engullía la comida con tanta rapidez que nos preguntábamos si tenía tiempo de respirar.

La conversación era muy animada, con algunas disputas leves sobre quién tenía que hablar primero, y una cantidad igual de risas y alegría. Además, se movían sin parar.

Reflexioné sobre mi infancia, cuando comíamos cenas decorosas en el comedor, sentados muy derechos en nuestras sillas y decíamos «Sí, señora» y «Sí, señor», sin que tuvieran que recordárnoslo. Nuestros dedos nunca tocaban el plato. Eran veladas interesantes —se apreciaba el sentido del humor inteligente—, pero no se trataba de ocasiones precisamente animadas. Las cenas familiares formales definieron mis expectativas de éxito como madre.

Me había reprochado a mí misma durante años porque nuestras cenas familiares no eran lo suficientemente «respetables» y porque mi hogar era generalmente caótico. Esa noche, mirando a mi alrededor, me reí a carcajadas. Mi hijo se había subido a la espalda de su hermana, y luego había vuelto a su asiento para servirse por segunda vez.

Les pregunté: «¿Os imagináis haciendo esto en la casa del abuelo?». Las carcajadas fueron inmediatas.

En ese instante, pude apreciar y disfrutar del momento feliz que vivía mi familia. Bulliciosos y un poco locos, nos divertíamos mucho mientras creábamos recuerdos que fomentarían una vida de conexión. Y me di cuenta de que la diversión es más importante para mí que el decoro.

Era hora de dejar el listón a un lado. Quería que mis hijos adultos recordaran estar conectados, jugar, quererse, conocerse y aceptarse durante las cenas en familia, y quería darme permiso para apreciarlo plenamente. Para mí, fue un éxito.

A veces cometemos errores. Perdemos la calma, no manejamos algo como nos gustaría, perdemos un vuelo u olvidamos empacar algo importante para un viaje. A veces, nuestros hijos no se comportan como nos gustaría: rebotan contra las paredes o se descontrolan. A menudo, nos tomamos estas situaciones como algo personal y nos reprochamos por ellas.

Sin embargo, puedes acotar la autocrítica, tratarte con un poco de compasión y practicar el bajar el listón. Lo más probable es que lo estés haciendo lo mejor que puedes, y, aunque no puedas cambiar el pasado, tu forma de pensar definirá con toda seguridad tu futuro.

¿Lo harás todo perfectamente de aquí en adelante? No. Pero ¿te imaginas cuánto mejor lo harás si dejas de castigarte a ti misma por cualquier cosa imperfecta del pasado (es decir, de hace un minuto)?

Cuando el caos aumenta, aún hoy puedo sentirme frustrada y añorando la tranquilidad de mi juventud. Pero esa cena familiar fue un punto de inflexión para mí.

Si para mi familia la hora de la cena debe ser una actividad aeróbica, lo acepto. Aunque sigo siendo una fanática del «sí, señora» (un gesto sureño de respeto), he dejado de lado los «deberías» con los que me vapuleé durante años.

Necesitamos darnos permiso para tener momentos de imperfección y manejar esos momentos con gracia y un poco de amor propio.

> Lo más probable es que lo hayas estado haciendo lo mejor que puedes; y, aunque no puedes cambiar el pasado, tu forma de pensar seguramente definirá tu futuro.

Cuando mis hijos exteriorizan sus personalidades bulliciosas, creativas y divertidas, quiero que se sientan aceptados, no regañados. Sé que necesitarán ese sentimiento cuando salgan al gran mundo.

Por todo ello, quiero animarte a que bajes el listón. Castigarte a ti misma no ayudará a que las cosas mejoren y se interpondrá en el camino de tu disfrute de las relaciones que tienes. Cuando notas que la vida se está descontrolando, que los planes que has trazado cuidadosamente no están funcionando, o que podrías haber hecho algo mejor, baja el listón.

Vive con lo que sea que esté pasando. Perdonarte a ti misma te ayudará a aceptar las cosas que no puedes cambiar.

Preguntas para el autodescubrimiento

- ¿Con qué estilo de crianza te identificas?
- ¿Qué historias podrías reemplazar por otras hoy?
- ¿Cuáles son las señales de que te estás descontrolando? ¿Cómo haces para recuperar tu cerebro?
- ¿Hay algunos temas en los que todavía estás en la negación?
- ¿Qué hay de importante acerca del perdón en tu historia?
- ¿De qué maneras sueles castigarte?

LA HISTORIA DE CLAIRE

Claire siempre superó los problemas con los que se enfrentó. Es el tipo de persona que asume los retos que le ponen delante y que siempre ve el camino hacia el éxito. Cuando su hijo tuvo problemas, primero en preescolar y luego en la escuela primaria, contrató a un terapeuta ocupacional, comenzó a asistir a una clase de habilidades sociales y creó un grupo de madres e hijos de alumnos de tercer grado. Cada vez que se identificó un nuevo problema, Claire encontró una solución. Su hijo pasó más tiempo en consultorios médicos que en el patio de recreo, pero ella estaba decidida a hacer todo lo posible para ayudar. Durante los primeros años de la escuela secundaria, la relación era tensa; su hijo la evitaba y se resistía activamente. Cuando Claire ejerció más presión, las cosas se desmoronaron. Al sentirse derrotada —¡lo había intentado todo!—, decidió darle una oportunidad a la capacitación y el coaching para padres, y las cosas comenzaron a mejorar rápidamente.

Conclusión: Claire estaba decidida a hacer todo lo que estuviera a su alcance para ayudar a su hijo. Pero, en sus propias palabras: «Pensaba que estaba recibiendo ayuda para mi hijo. No me di cuenta de que la ayuda era en realidad para mí».

3

«Lo he intentado todo, pero nada funciona»

Comprender y redefinir el éxito en la crianza

«Pero si no tenemos el tiempo y la disposición para cuidar de nosotros mismos, ¿cómo podemos ofrecer un cuidado genuino a las personas que amamos?»

THICH NHAT HANH

Las relaciones están sufriendo

Luchamos por comunicarnos bien con las personas más queridas: nuestra pareja, los niños, nuestros padres, precisamente porque son los que más nos importan. Gritamos más de lo que nos gustaría, postergamos conversaciones importantes, lloramos cuando no hay nadie cerca. Nos falta una de las cosas que más deseamos: sentir que nuestra familia funciona como un equipo. Si añadimos a esto la multitud de expectativas insatisfechas, la dificultad para manejar el día a día, la complicada logística de la vida familiar y el temor por el futuro de nuestros hijos, no es de extrañar que nuestras relaciones se conviertan en un desastre.

Las relaciones son un desafío tanto para los niños como también para los adultos complejos. Requieren tiempo, paciencia, atención, propósito, compromiso, autorregulación, autoconciencia, resistencia y otras habilidades que dependen de la función ejecutiva (ver capítulo 7). Los problemas a los que nos enfrentamos, la disfunción ejecutiva y la desregulación emocional, interfieren con nuestra capacidad para navegar entre los matices de nuestras relaciones personales.

Los padres a menudo acuden a Diane y a mí porque la trama que conecta a los miembros de la familia entre sí se está deshilachando. Quieren arreglar las cosas antes de que la conexión se rompa. Dicen:

- «Hay tanta tensión en nuestro hogar.»
- «Nuestro matrimonio pasa por un momento complicado.»
- «Solo quiero que ella hable conmigo.»
- «Está fuera de control, y me asusta.»
- «Estoy preocupada.»
- «Me siento perdido.»
- «Me siento completamente sola.»
- «Ella se retrae, está en su propio mundo.»
- «Él ya no quiere comer con la familia.»
- «Solo quiero una familia feliz.»
- «¡Solo quiero tener una buena relación con mi hijo!»

Los desafíos en las relaciones surgen ya sea porque los niños tengan un diagnóstico o no. Cuando ya se cuenta con una explicación clínica sobre las dificultades que experimentan los niños y adolescentes, por lo general ha habido un largo camino hasta el diagnóstico. Los padres han pasado meses o años buscando consejos y respuestas, probando medicaciones y terapias, o recurriendo a la buena y antigua disciplina para «arreglar» los comportamientos indeseados de sus hijos. Están desalentados, y su paciencia se ha agotado.

En los casos de niños y adolescentes que nunca han sido sometidos a una evaluación, la carencia de diagnóstico desemboca a menudo en relaciones familiares tensas. Los jóvenes avanzan a tientas hacia la edad adulta, atrapados en un vórtice de dependencia y autogestión ineficaz. Es posible que los padres teman el peligro de que sus hijos sean «etiquetados». Otros simplemente no saben a dónde acudir para recibir orientación. Cualquiera que sea la causa subyacente, es difícil abordar algo si no sabes lo que es.

Tal vez nos sentimos desconectados de nosotros mismos o de aquellos a quienes amamos. Tal vez nos sentimos ineficaces como padres, porque los comportamientos de nuestros niños son sorprendentes e incómodos. Tal vez nuestros hijos se sientan fuera de control o estén preocupados porque perciben que son una constante decepción para nosotros. La fricción impregna todos los aspectos de nuestras relaciones. Es extremadamente difícil ser los adultos que nuestros hijos necesitan que seamos. Aquí hay algunas formas comunes en que esto se desarrolla:

- Nos resistimos demasiado porque estamos desesperados por que nuestros hijos sean exitosos, robándoles la oportunidad de experimentar resiliencia sin sentir vergüenza.
- Desistimos demasiado pronto porque creemos que necesitan aprender a cuidar de sí mismos, perdiendo la oportunidad de guiar su desarrollo y de alentarlos.
- Nos enfocamos en las tareas que debemos realizar a expensas de nuestra conexión, creando entre nosotros y nuestros hijos una brecha difícil de superar.

Las relaciones en las familias complejas pueden ser costosas, pero son recuperables. Puedes volver a conectarte con tus hijos y cambiar tu enfoque, convirtiéndote en el «buen encaje» que tu niño peculiar necesita. Puedes comunicarte con él de forma clara y respetuosa, y ganarte auténticamente su respeto. Porque lo que los niños más quieren, en el corazón de sus relaciones, es sentirse respetados y conectados, comenzando por casa.

Enfoque de coach: El cambio comienza por ti

Durante el evento para padres con TDAH de 2019, Linda Roggli (ADDiva) y yo tuvimos el privilegio de entrevistar al destacado investigador Stephen Hinshaw. Quedé fascinada con sus ideas, especialmente cuando habló sobre una noción clave de la investigación psicológica: la «bondad de ajuste». Investigaciones pioneras de las décadas de 1950 y 1960 sobre el temperamento revelaron la importancia de que padres e hijos «encajen» juntos. La «bondad de ajuste» es esencial para el desarrollo emocional.

«Lo que realmente importa», explicó Hinshaw, es «cuánto te relacionas con tu hijo y aprecias su temperamento... No son los padres o los niños por sí mismos, es la combinación. Es el encaje». Continuó: «El desafío en la crianza de cualquier niño que tenga algunas diferencias con los demás niños está en apreciar las diferencias de tu hijo, su singularidad, su impulsividad, su alto nivel de actividad y creatividad». Es fundamental para construir relaciones que sirvan de apoyo a los niños que son diferentes.

Tienes una relación individual y única con tu niño, sin importar quién más esté involucrado.

Cuando los niños no alcanzan los hitos típicos del desarrollo (consulta el capítulo 9), normalmente queremos que se adapten, que encajen con nuestro enfoque de la crianza. Pero la investigación indica que los jóvenes necesitan que nos adaptemos para encajar con ellos, con su estilo, sus inclinaciones y sus intereses. Cuando los niños no se sienten sincronizados con sus padres, pueden terminar viéndose a sí mismos como «inadaptados» en su propia familia.

¿Alguna vez has ofrecido ayuda a tus hijos de una manera que parece alejarlos? ¿Sientes que, sin importar cuánto te esfuerces, no logras averiguar qué puedes hacer para ayudarles? Lo más probable es que no sea lo que estás haciendo, sino *cómo* lo haces. *Cómo* nos acercamos a ellos y a sus dificultades influye en su voluntad de aceptar nuestra ayuda.

No estoy diciendo que tus reacciones sean la causa de las dificultades de tu hijo. Pero la manera en que respondes puede establecer el tono y la forma en que manejará y superará los desafíos en el futuro. Para cambiar su comportamiento, empieza por cambiar tu enfoque.

Los estilos de crianza referidos en el capítulo 2 son comunes, aunque no siempre útiles. Pero lo más probable es que, como padre, también tengas momentos de excelencia y gracia, momentos en los que respondes con calma y seguridad, en lugar de hacerlo de forma reactiva. Este libro está diseñado para ayudarte a conectarte con tu padre interior consciente y estimularlo.

Te invito a conectarte con esa parte de ti, que está preparada y es capaz de criar desde un lugar de claridad y conciencia. Te presento a Carolina Consciente y a Carlos Consciente:

PADRE (O MADRE) CONSCIENTE: Eres consciente de que la vida es caótica, y eso está bien. Estás haciendo lo mejor que puedes, y eso es suficiente, aunque esto no sea perfecto. Sientes una inmensa gratitud cuando te fijas en lo que es bueno en tu vida en lugar de lo que «podría ser». Tienes una actitud positiva ante los desafíos, y los enfrentas con gracia. Dices: «Esta es mi vida, y hay muchas cosas buenas en ella».

Reflexiona sobre tu enfoque como padre o madre, tus interacciones con tu hija, y cómo sueles responder ante sus dificultades. Probablemente pensarás que hay cosas que estás haciendo mal, y está bien que lo hayas notado. Ahora, ¿qué pasa con lo que sí estás haciendo bien? ¿Puedes reconocer tus éxitos y tus cualidades? ¿Puedes darte el crédito por tus éxitos? Es en los éxitos donde se esconden tus mejores respuestas (consulta el capítulo 10), así que concéntrate en ellos para hacer que las cosas avancen.

Mientras lees esto, es posible que te sientas un poco desesperanzada o preocupada porque tú y la persona con la que compartes la crianza no estáis en la misma página. Lo entiendo. Siempre vale la pena trabajar teniendo como objetivo la crianza colaborativa. Pero quiero que quede claro: solo se necesita a uno de los padres en el timón para controlar el barco. Tienes una única e individual relación con tu hija, sin importar quién más esté involucrado. Puedes crear una relación sólida que sirva de apoyo a tu hija, incluso si tu compañero no está (todavía) a bordo. La conclusión acerca de lo que es una crianza efectiva es simple: el cambio comienza contigo.

Carolina Consciente

Carlos Consciente

Mientras lees el resto del libro, piensa en tus objetivos y tu enfoque, sin juzgarte por nada de lo que hayas hecho hasta ahora. Concéntrate en comprender tu papel, en los cambios que deseas crear. Busca un nuevo camino para convertirte en el tipo de madre que tus hijos necesitan, que en última instancia es el tipo de madre que quieres ser.

Criar niños complejos es una aventura inesperada de la vida. Requerirá algunas correcciones de rumbo. ¿Quién mejor que tú para marcar el camino?

Estrategia: Relaciones antes que tareas

Al pasar por nuestro salón, me fastidié al ver que mis tres hijos estaban viendo la televisión y riendo cuando tenían tanto que hacer. Reconozco que no había nada que realmente necesitaran hacer en ese preciso momento, y no había ninguna razón para que interviniera. Pero lo hice. Empecé a buscarles algo para hacer.

Se mostraron molestos (y con razón) cuando les ordené que apagaran el televisor y les asigné tareas en la casa. Lo dieron a entender claramente, arrojando el control remoto y poniéndose en acción a regañadientes.

En retrospectiva, veo que mi necesidad de que estuvieran «ocupados» o «productivos» era mi problema, no el de ellos. No puedo recordar qué tareas o deberes insistí que hicieran, pero estoy segura de que no había ninguna razón por la que tuvieran que realizarse de inmediato. No tenía por qué obligarlos a interrumpir lo que estaban haciendo o estropear su diversión. En ese momento, hice que vaciar el lavavajillas o hacer la tarea fuera más importante que mi relación con ellos.

¿Qué tiene que ver permitirles ver la televisión con nuestra relación? Estaba convirtiendo a las tareas en algo más importante que sus intereses, sus necesidades, su autoestima y su autonomía, sin otra razón real que la de calmar mi propia ansiedad.

Centrarnos demasiado en las tareas puede dañar nuestras relaciones con nuestros hijos y nuestra pareja. Estamos tan atrapados en el trajín de nuestras vidas, centrados en lo que creemos que es correcto, que olvidamos que son seres humanos independientes que siguen sus propios caminos con sus propias perspectivas y deseos. Cuando nos hiperconcentramos en las tareas (incluso las que son importantes), olvidamos lo esencial: mantenernos conectados.

Por ejemplo:

- Regañamos a un adolescente por dejar de nuevo una toalla mojada en el suelo, en un tono que le dice «Eres un perezoso».
- Lo obligamos a terminar la tarea aunque eso implique que se acostará muy tarde, sin fijarnos que el niño esté claramente más allá de su capacidad. Es como si le dijéramos «Esfuérzate más».
- Mandamos a un niño a buscar sus calcetines y al verlo volver con las manos vacías (o con un juguete) lo recibimos con un mensaje que comunica «¿Por qué no puedes hacer algo tan sencillo?».

Por supuesto, queremos enseñar a los niños a recoger las toallas mojadas, hacer que hagan sus deberes y establecer estrategias para que recuerden lo que deben hacer. Pero es más probable que los ayudemos a aprender estas habilidades cuando nuestras relaciones son fuertes y trabajamos juntos.

A lo largo de docenas de entrevistas con referentes en los campos del TDAH y la crianza de los hijos en el marco del evento ADHD de 2019, los doctores Ned Hallowell, Stephen Hinshaw, Roberto

Olivardia, Carolyn Parcells y otros tocaron un tema constante: cómo mantenerse conectados. La opinión compartida es que seguramente lo más importante que los padres pueden hacer es centrarse en sus relaciones con sus niños complejos.

Las relaciones se basan en la confianza, que libera oxitocina, una «hormona feliz» que hace que los niños tengan buena disposición para aprender, según muestra la investigación. La discordia y la falta de armonía liberan cortisol, una «hormona del estrés» que interfiere en la confianza y el aprendizaje.

El secreto para criar a niños complejos (para criar a cualquier niño, en realidad) es centrarse en la relación con ellos. Eso no significa «sé su mejor amigo», «dales todo lo que quieren» o «no les enseñes a ser responsables». Significa mantener una comunicación respetuosa, abierta y saludable. Las relaciones sólidas les dicen a nuestros hijos que cuidamos sus espaldas. Cuando nuestros hijos confían en nosotros, saben que estamos haciendo lo mejor para ellos y que no los llevaremos por un camino que no esté en su mejor interés. Pueden optar por confiar en nosotros, incluso cuando no estén de acuerdo con nosotros.

Una relación de confianza les dice a nuestros hijos que está bien ser ellos mismos, equivocarse, intentar, tener éxito o fallar, porque estaremos allí con nuestro amor incondicional. ¡Incluso cuando no completen todas las tareas!

Di no a ponerte a la defensiva (no muerdas el anzuelo)

Hace años, mi esposo y yo no sintonizábamos. Estábamos ambos atrapados en un modo defensivo. No tengo idea de quién lo «inició», pero nuestras conversaciones se limitaban a la logística familiar. Habíamos levantado nuestros escudos, y nuestra conexión había quedado debajo de ellos. Era consciente de la distancia que nos separaba, pero me parecía más seguro permanecer escondida detrás de sacos de arena que arriesgarme al diluvio creciente.

Esto probablemente te suene familiar. Muchos de nosotros vivimos en un estado crónico de autodefensa. De hecho, usamos constantemente referencias militares en nuestras interacciones diarias: «bajad vuestros escudos», «escoge tus batallas», «pide una tregua», «mantente firme», «dispara primero», «enviad refuerzos», «depón las armas», ¡por no hablar de la «batalla de los sexos»! Pero estas analogías crean una ganancia de suma cero en las relaciones; en lugar de significar victorias, nos encierran en un conflicto interminable.

¿De verdad quieres estar «luchando» con tu hijo de diez años, tu cónyuge o uno de tus padres, tu supervisor o tu empleado?

Las relaciones florecen cuando eliminamos los obstáculos. Es hora de sacar tus relaciones importantes fuera de los cuarteles. Comienza con una rama de olivo, pero ten paciencia. Cuando nos enfundamos en un uniforme almidonado, olvidamos cómo es estar a gusto. Incluso cuando empiezas a tratar a tu ser querido como aliado, puede tomar algún tiempo conseguir que salga del campo de batalla.

Afortunadamente, mi cónyuge vio las señales y se puso a buscar un punto de encuentro. Habló y sonrió más. Debido a que mis escudos estaban firmemente levantados, me tomó tiempo soltar mi espada y dejar de tomarme las cosas de forma personal. Él esperó, sin volver a pertrecharse; en lugar de ello, se acercó a mí con flores virtuales y una caja de bombones. Al final, bajé mis escudos y nuestra conexión mejoró. Pero llevó un tiempo.

Uno de los mayores superpoderes que puedes desarrollar es dejar de tomarte las cosas de forma personal.

APRENDE A DEJAR DE MORDER EL ANZUELO

Uno de los mayores superpoderes que puedes cultivar es *dejar de tomarte las cosas como algo personal.* Yo me lo tomaba todo (sí, todo) como algo personal cuando mis hijos eran pequeños, y era agotador. Pero cuando finalmente acepté que «las cosas de otras personas son cosas suyas» y que no se trataba de mí, me sentí liberada.

Cuando un miembro de la familia o un niño en edad escolar te provoca, por lo general no suele hacerlo con intención manipuladora (incluso cuando crees que lo es). Cuando «muerdes el anzuelo» haces lo que ellos quieren: una distracción de lo que sea que los está haciendo sentir incómodos. Depende de ti resistir la tentación de tomarlo de forma personal. Puede que te provoquen, pero el que muerdes eres tú.

Un componente fundamental del enfoque de coach es saber cuándo no se trata de ti. Como dice Wendy Mogel en *The Blessing of a Skinned Knee*[3], siempre que sea posible deberemos «permanecer tranquilos, relajados, firmes y prácticos».

Di sí a redefinir el éxito

> «El éxito es gustarte a ti mismo, gustarte lo que haces y gustarte cómo lo haces.»
>
> MAYA ANGELOU

En los primeros años del siglo XXI, el doctor David Rock escribió en la revista *Psychology Today*: «La gente de todas partes parece estar

---

3. La bendición de una rodilla desollada (N.del T.).

experimentando una epidemia de agobio». Señaló dos explicaciones: el volumen de información que procesamos y el coste de las distracciones. Y ese texto fue escrito antes de que cada niño tuviera un superordenador en el bolsillo.

Procesamos algo así como 70.000 pensamientos al día, y estamos expuestos a cantidades excesivas de información nueva en un entorno de tecnología y redes sociales caracterizado por la interrupción. ¡Considera cómo eso afecta a las personas con cerebros complejos y funciones ejecutivas rezagadas! Y sin embargo, de alguna manera seguimos manteniendo un ideal de familia más propio de los años cincuenta del siglo pasado en un mundo que se mueve a la velocidad de la fibra óptica.

Nos estamos moviendo de forma vertiginosa, tratando de responder a los estímulos que nos llegan. Pero mantener esa velocidad es insostenible. No es que no quiera el éxito. Es solo que, para ser honesta, la vida en el siglo XXI, incluso con todas nuestras tecnologías de ahorro de tiempo, nos hace sentir como si estuviéramos jugando sin parar al *dodgeball* (al quemado, o al balón prisionero) mientras se espera que realicemos un servicio perfecto de tenis en la misma cancha.

Las expectativas de rendimiento actuales van en contra de la razón. No es razonable esperar que logremos el dominio en casi todos los aspectos de nuestras vidas. Y, sin embargo, lo hacemos. Esto es aún más injusto para nuestros niños complejos que, a menudo, son especialistas que viven en un mundo de generalistas.

Mi vida no es diferente de la tuya. Todos estamos viviendo en el reino de las expectativas irrazonables. Es casi como si nos estuviéramos preparando para el fracaso, para luego sorprendernos cuando ocurre.

CÓMO *NO* TOMARTE LAS COSAS DE FORMA PERSONAL

Cuando te des cuenta de que te estás tomando las cosas de forma personal usa estas preguntas y sugerencias como guía. Por ejemplo, si le pides a tu hija que doble la ropa lavada y ella te responde «lo haré luego»:

¿Qué es lo que te estás diciendo a ti misma? «Es una irresponsable», «nunca lo hará» o «¡sí, claro!» (en tono irónico). Si sientes que no estás siendo un buen padre o madre si no logras que lo haga ahora, te sentirás obligada a regañar a tu hija para asegurarte de que lo haga. ¿Qué es lo que realmente te preocupa?

¿Qué más es cierto acerca de esta situación? Podría ser cierto que tu hija tiene la intención de hacer las cosas, pero se olvida. O que no ha procesado lo que has dicho porque no has logrado que te prestara atención. O que está avergonzada por no saber doblar bien la ropa. Sé curiosa, averigua.

Responde brindando apoyo, en lugar de ponerte a la defensiva. En vez de comentarios sarcásticos, reconoce: «Estupendo, gracias. ¿Cuándo lo tendrás hecho?». Si ella es evasiva («No lo sé, mamá, ¡más tarde!»), ayúdale a establecer un marco temporal con naturalidad («Realmente me gustaría que esté hecho dentro de X tiempo. ¿Te suena razonable?»). Dale tanto control como sea posible.

Muéstrale que estás en su equipo y que quieres ayudar. En lugar de sentirte menospreciada u ofendida, pregúntale a tu hija: «¿Necesitas que te ayude? ¿Quieres que te lo recuerde?». Es posible que se resista a tus intentos al principio, pero mantente enfocada en la comunicación práctica y positiva. Si se resiste, dale un poco de tiempo y pregúntale de nuevo —esta vez teniendo en cuenta que probablemente esté frustrada—, y recuérdale que estás tratando de ayudar sin regañarle.

¿Cómo se redefine el éxito en estos tiempos?

• Deja que las cosas fluyan.
• Ten claro lo que es realmente importante.
• Acepta de buen grado lo «suficientemente bueno» cuando sea apropiado (consulta el capítulo 8).
• Di que no a las obligaciones constantes.
• Relájate cuando las cosas simplemente no tienen importancia.
• Elige dónde pones el foco, en lugar de tratar de enfocarlo todo.

En última instancia, redefinir el éxito significa establecer nuestras propias expectativas en lugar de dejar que el mundo exterior las defina. Significa basar esas expectativas en nuestros valores o pasiones en lugar de en normas sociales que nos dicen lo que se supone que debemos hacer.

Cuando hablo con grupos de padres sobre el éxito, hay un acuerdo general en que nos beneficiaríamos si aligeráramos la carga de nuestros hijos y la nuestra propia como padres. Así que ha llegado el momento de renegociar nuestra relación con el perfeccionismo, reencontrarnos con nuevos ideales de excelencia, y redefinir el éxito en este mundo moderno. Por ejemplo, poner límites de tiempo a la tarea puede evitar que niños de doce años se queden haciéndola hasta la medianoche; celebrar los esfuerzos de un niño puede reducirle el disgusto por no haber tenido una buena calificación.

El éxito está en la mente de quien observa. Te desafío a redefinirlo en términos de lo que es beneficioso para tus hijos. Despréndete de tus propias nociones preconcebidas (y de las de los demás) y comienza a crear nuevas expectativas que provengan de conocer a tus hijos por lo que son, en lugar de basarte en los «deberías» de otra persona.

Como soy una perfeccionista en recuperación, esto es difícil para mí (consulta el capítulo 8). Todos los días me esfuerzo por redefinir el éxito en términos que tengan sentido para mi familia y para mí:

- Le recuerdo a mi esposo que un 9 sigue siendo una nota alta cuando juzga su propio rendimiento con demasiada dureza.
- Animo a mi hija disléxica a que se emocione con una nota apenas suficiente en una prueba de literatura.
- Y reconozco mis errores en voz alta y hago el esfuerzo de perdonarme a mí misma… a diario.

Eso es lo que yo llamo éxito.

Autodiálogo: Confía en tus instintos

Tuve un comienzo difícil en la crianza, comenzando por el embarazo y continuando durante más de una década. Decir que no era una madre confiada es quedarme corta. Me preocupaba por todo. No confiaba en que mis hijos recibieran suficiente comida o crecieran adecuadamente. Me preguntaba si había *algo* que estuviera haciendo bien. La confianza que pude haber reunido al convertirme en madre había desaparecido cuando mi primer hijo cumplió los seis meses.

Pasé los primeros diez años inquietada por temores y dudas: «¿Qué pasaría si descubrieran que no tienes idea de lo que estás haciendo? ¿Y si estás arruinando a estos niños y es tu culpa que estén pasando por un tiempo tan difícil?».

La persona en cuya opinión más necesitaba confiar era aquella en la que confiaba menos: yo misma.

De vez en cuando tenía días o semanas buenos, pero inevitablemente algo pasaba con alguno de mis hijos que me hacía descarrilar y me arrojaba de nuevo en las profundidades de la duda. Mi definición de éxito era un ideal perfeccionista y mi autoestima estaba indisolublemente ligada a ella. Cuando mis hijos alcanzaban hitos apropiados, yo era una buena madre. Cuando fallaban, era una mala madre.

Mi percepción de mí misma era tan positiva como la de cualquiera de mis hijos en un mal día.

Nuestras vidas han cambiado drásticamente en los más de doce años desde que descubrí que creer y confiar en mí misma era el ingrediente secreto de una crianza efectiva. La verdad es que tuve que aprender a confiar en mí misma como madre. No fue algo que se produjera naturalmente.

Aprender a confiar en tus instintos es una parte esencial del enfoque del coach, un estilo de crianza que funciona para ti y para tus hijos. Puede que no lo sientas al principio, pero está bien «fingir hasta que lo logres». Porque a medida que comienzas a liderarte a ti misma, comenzarás a liderar a tu familia con confianza.

¿Qué es confiar en tus instintos?

- Permitirte tomar decisiones y emprender acciones basadas en tus propios valores o tu brújula.
- Vivir de acuerdo con tus propias expectativas, no las de los demás.
- Saber que, pase lo que pase, eres lo suficientemente ingeniosa para saber manejarlo.
- Olvidarte de la necesidad de saber lo que pasará, y confiar en que tomarás las decisiones apropiadas cuando sea necesario.

¿Cómo confiar realmente en tus propios instintos?

- Establece expectativas claras y consistentes, y comunícalas; sé lo suficientemente flexible para adaptarte a los cambios a medida que surjan. Inevitablemente lo harán.
- Discúlpate y asume la responsabilidad por tus errores. No necesitas ejercer el control cuando estás operando desde una autoridad interna.
- Abandona tu necesidad de tener razón y de que tus hijos sean perfectos. Enseña a tus hijos a aprender de los errores sin culpa ni vergüenza.

A los niños les va mejor cuando sus padres creen que las cosas saldrán bien. Ver a sus padres actuando con seguridad (en lugar de controlados por el miedo) estimula la cooperación y la confianza, invitándolos a creer en sí mismos.

Si te has sentido seguro (incluso ocasionalmente) y has aprendido a confiar en tu instinto al criar a un niño complejo, tómate un momento para celebrarlo. Date un poco de crédito. Has logrado algo que no es sencillo cuando son tantos los mensajes en sentido contrario que recibes.

Si no te sientes segura, si te preocupa la autoestima de tu hijo, si dudas de tus decisiones o si nunca te sientes del todo cómoda con ellas, te sugiero que busques ayuda para hacer algo diferente. Comienza dando un paso. Asiste a un retiro, únete a un grupo de coaching, apúntate en un curso de capacitación para padres, comienza el día con afirmaciones, lee el blog en ImpactParents.com, comprométete a terminar este libro. Haz algo que te ayude a desarrollar tu confianza, un paso cada vez.

Hablo por experiencia: la confianza es un músculo que puedes fortalecer. Cuando lo hagas, todos en tu familia se beneficiarán.

Preguntas para el autodescubrimiento

- ¿Cuál de tus relaciones te gustaría mejorar?
- ¿Qué significa para ti «el cambio comienza contigo»?
- ¿Cómo interfieren las tareas con tus relaciones?
- ¿Cuándo tiendes a tomar las cosas de forma personal?
- ¿Cómo quieres redefinir el éxito?
- ¿Cuándo confías en tus instintos?

LA HISTORIA DE MARC Y GWEN

Marc y Gwen son profesionales experimentados, ambiciosos y de alto rendimiento, y esperaban que sus hijos siguieran el mismo camino. Su hija mayor, una atleta aventajada, es una estudiante sobresaliente aunque un poco sensible. Su hijo más joven, sin embargo, es el típico niño de 11 años con TDAH. Distraído, impulsivo y desordenado, el éxito en la escuela le tiene sin cuidado. Tampoco le interesa mucho el atletismo, aunque su padre intenta empujarlo a competir. Para él, provocar a su hermana es algo fácil y podría decirse que es su deporte favorito; a sus padres, por su parte, las reacciones de ella les parecen algo exageradas. Marc y Gwen tienen la costumbre de interrumpirse y corregirse uno al otro, pero están claramente de acuerdo en una cosa: su hijo es la única persona en toda la familia con un «problema».

El problema: El hijo menor es un niño de 11 años con TDAH. Las frases de sus padres suelen comenzar con «Si tan solo él hiciera (o no hiciera)...».

4

«¡Solo quiero un poco de paz!»

Las cuatro fases del empoderamiento

«Al observar sin juzgar podemos comprender y dar paso a la compasión.»

THICH NHAT HANH

Los expertos no viven en tu casa

Una noche lluviosa de 2005, asistí a una charla de mi escritora favorita sobre crianza, Wendy Mogel, autora de un libro que ya he mencionado, *The Blessing of a Skinned Knee*. Mientras Wendy hablaba sobre desarrollar la resiliencia y dejar que los niños «fracasen», levanté la mano. «¿Qué pasa si tu hijo tiene necesidades especiales?», le pregunté, con lágrimas en los ojos. Ella respondió: «En ese caso, esto no se aplica a ti».

Quedé aturdida. No recuerdo qué más se dijo esa noche. Mis lágrimas seguían corriendo. «Si esto no se aplica a mí», pensé, «entonces, ¿qué debo hacer?»

Me aventuré en el mundo de la maternidad llevando en la mente imágenes teñidas de sepia en las que me reía de las travesuras de mis hijos pequeños y otras teñidas de rosa de mis adolescentes escuchando, absortos, las palabras de sabiduría de su genial madre. Mi vida iba a ser un comercial de Kodak.

¿Fui demasiado optimista o ridículamente ingenua? Creo que fue algo bastante típico.

Cuando comenzaron las dificultades, me tomaron por sorpresa. Leí libros, consulté a expertos y traté de seguir los consejos tradicionales de crianza ante cada nuevo problema. Pero, como comprobaron innumerables clientes a lo largo de los años, los consejos de crianza tradicionales no siempre funcionan con los niños no tradicionales. De hecho, a veces resultan contraproducentes. Uno de mis clientes lo captó claramente: «Nuestro hijo había sido un niño muy feliz y extrovertido. Pero cuando se enfadó porque le establecimos límites, el médico nos dijo que le impusiéramos aún más límites. Lo hicimos, y las cosas siguieron empeorando. Sinceramente, me sentí como el peor padre del mundo».

Yo también me sentí fracasada como madre. Cuando el método de crianza tradicional no mejoró las cosas, empecé a perder la esperanza. Temía por el futuro de mi hijo y me preocupaba por todo. Mi hijo:

- ¿Sería capaz de llevar una vida independiente?
- ¿Sobreviviría a la escuela, a la universidad y a una carrera?
- ¿Sería capaz de establecer relaciones estables y formar una familia?
- ¿Haría algo impulsivo (léase peligroso) que arruinaría las perspectivas de una vida feliz?
- ¿Terminaría viviendo en mi sótano por el resto de su vida?

Tuve apoyos y ayudas profesionales útiles. Me sentí aliviada al encontrar profesionales que habían vivido algo similar y que lo «entendían». Otras veces, hubo incluso profesionales bien intencionados que no me brindaron la orientación que necesitaba, no porque no les importara o no estuvieran bien informados, sino porque los niños complejos son complicados. Necesitaba algo más que un tratamiento para los síntomas. Necesitaba una visión más global para aprender a desarrollar soluciones viables.

Mis hijos necesitaban que yo entendiera que no estaban siendo «traviesos» (ver el capítulo 6); estaban luchando. Quería que sus maestros, entrenadores, cuidadores, médicos, padres de amigos y miembros de la familia también lo entendieran.

Todo cambió a medida que fui comprendiendo que para los niños complejos:

- La crianza positiva no es suficiente (aunque es esencial).
- Los adultos necesitan establecer expectativas realistas.
- Las soluciones son mejores cuando son personalizadas.
- Los sistemas necesitan flexibilidad, sin comprometer la eficacia.

Los expertos te dirán lo que creen que debes hacer, pero en realidad no saben lo que está pasando en tu casa a las seis de la tarde. Tú sí. Así que reúne información, analízala y evalúa tus opciones. Y recuerda: la información no es suficiente para crear un cambio duradero. Lo que tú realmente quieres es una transformación.

Los gurús de la crianza tradicional ofrecen consejos estupendos. Le debo mucho a la sabiduría de líderes intelectuales como Wendy Mogel y Hal Runkel. Aún así, cada vez que escuchas a los expertos en la crianza de niños, ¡asegúrate de que sus ideas (incluidas las que se encuentran en este libro) tengan sentido para tu hijo!

La charla de Mogel me ayudó a comprender que era hora de dejar de intentar aplicar a mis hijos un modelo de crianza tradicional. No encajaban. En lugar de ello, tuve que crear un nuevo modelo que funcionara para ellos y para mí.

Perspectiva de coach: Cría a tu hijo como lo haría un coach

En un esfuerzo por apoyar a los padres que luchan por criar a niños complejos, a los 40 años comencé la formación en coaching en el Co-Active Training Institute (CTI). A las pocas horas estaba enganchada; en cuestión de semanas, la comunicación con mi familia mejoró notablemente. Una docena de años más tarde, en una entrevista en *Flaunt Magazine* en 2019, mi hijo mayor me hizo llorar con sus palabras de aprecio por lo que el coaching le brindó:

> «Bueno, mis padres son ambos coaches de vida. Todo empezó cuando yo tenía unos 12 años, y ha sido hermoso verlos evolucionar, crecer y aprender. El coaching ha cambiado a toda nuestra familia. Una vez que se convirtieron en coaches, dedicaron todo su tiempo a decirles a las personas: «Sigue tus sueños, haz lo que tengas que hacer, haz lo que sea correcto para ti y cuida de ti mismo». No podían decirme a mí algo diferente y, afortunadamente, se dieron cuenta de ello. Todo el trabajo que estaban haciendo con otras personas también lo hicieron conmigo».

Me di cuenta de que otros padres necesitaban aprender lo que habíamos aprendido y que los consejos de los expertos no siempre funcionan; en cambio, confiar en nosotros mismos generalmente lo hace.

Tú conoces a tu hijo mejor que nadie. De verdad. Tus retos son aprender a confiar en tus instintos; escuchar a tu hijo y a tu corazón; y, cuando sea necesario, ignorar a los expertos y ser el padre que tu hijo necesita que seas.

Al aprender a ser madre de una manera que funcionaba para mi familia, descubrí un paradigma transformador: el enfoque de coach, que ofrece una manera efectiva de manejar conductas difíciles. No resuelve los problemas de las personas: les enseña un método infalible para la resolución de problemas. El panorama de la crianza de niños complejos ha cambiado y seguirá cambiando, en todo el mundo.

UN ENFOQUE DE COACH

El coaching es un método para la gestión del cambio basado en la evidencia, que ayuda a las personas a desarrollar todo su potencial. Para los padres y educadores, el enfoque de coach aplica los conceptos básicos, ideas y estrategias del coaching para guiar a los niños para que sean adultos independientes, autodirigidos y automotivados. Cuatro conceptos fundamentales del coaching se adaptan de maravilla cuando se aplican específicamente a niños complejos:

1. Las personas no están «rotas»; son creativas, ingeniosas y completas.
2. Para crear el cambio, las personas deben ser dueñas de su lista de prioridades.
3. Las dificultades de la vida son esperables y una oportunidad de aprendizaje y crecimiento.
4. Para abordar los problemas, debemos observar cómo se relacionan con todos los aspectos de nuestras vidas.

No hay nada que puedas desear para tus hijos que sea más importante que verlos alcanzar su máximo potencial. Quieres que encuentren lo que los motiva sin ponerlos a la defensiva. Quieres que crean en sí mismos y se sientan capaces de convertirse en adultos exitosos. A medida que aprendes a brindarles a tus hijos una retroalimentación honesta y constructiva, de una forma que ellos puedan comprender, te comunicarás con ellos con menos juicios y más aceptación. Los niños te verán como un miembro de su equipo, y buscarán tu guía y tu apoyo.

Tú puedes aprender a:

- Dejar de sentir miedo y de juzgar.
- Ver las capacidades y dones de tus hijos.
- Defenderlos de manera efectiva.
- Establecer expectativas y prioridades apropiadas.
- Mejorar tu comunicación.
- Ofrecer orientación que tus hijos puedan aceptar sin ponerse a la defensiva.
- Implementar sistemas que funcionen bien para todos.
- Transmitir a tus hijos que está bien que cometan errores.

Tus hijos pueden aprender a:

- Tomar posesión de sus vidas y desarrollar habilidades de autogestión.
- Reconocer sus fortalezas y talentos.
- Encontrar la motivación para poner la atención en el aprendizaje en la escuela y en la vida.
- Superar obstáculos, establecer metas y alcanzarlas.
- Mejorar las relaciones con la familia y los compañeros.
- Tornarse confiables, independientes y responsables.

El enfoque de coach te guía para convertirte en el padre o la madre que deseas ser, y te ayuda a crear el tipo de relación con tu hijo que siempre has querido. No tienes que convertirte en coach para hacerlo. A medida que adoptes estos principios y herramientas, el enfoque de coach irá mejorando el resto de tu vida de maneras sorprendentes.

Estrategia: Las cuatro fases del empoderamiento

La crianza de los hijos no es un proceso que se desarrolla en línea recta. En lugar de ello, los padres entran y salen de cuatro fases clave en la relación con sus hijos, transfiriéndoles gradualmente la responsabilidad. Pero es una dinámica complicada. Aferrarse demasiado es contraproducente para el objetivo de la independencia; proporcionar la cantidad correcta de andamiaje sin permitir o fomentar una incapacidad aprendida es un arte.

La crianza efectiva no consiste en controlar a los niños; se trata de enseñarles a tomar el control de sí mismos. Lo ideal es que los padres preparen conscientemente a los niños para la independencia, de modo que sus hijos asuman gradualmente la responsabilidad sobre ellos mismos. Comprender las cuatro fases guía a los padres en este proceso.

> La crianza efectiva no consiste en controlar a los niños; se trata de enseñarles a tomar el control de sí mismos.

EMPODERAR LA INDEPENDENCIA PASO A PASO

Fase 1: Motivar el esfuerzo y dirigir el trabajo. Los padres tienen en sus manos el programa de lo que se espera del niño, dirigen sus acciones y comportamientos, estimulan y proporcionan motivación. Todos los padres comienzan así, dirigiendo acciones y comportamientos para mantener a los niños seguros. Los niños esperan que los padres estén a cargo. Los padres pueden quedarse atascados en esta etapa porque les resulta familiar, porque es fácil o porque les preocupa que, sin ellos, las cosas no se hagan. A medida que sus hijos se vuelven capaces de hacer más por ellos mismos, buscan oportunidades para pasar a la siguiente fase.

El lenguaje dirige la acción. «Esta noche tienes matemáticas y ortografía en tus tareas para el hogar. Comemos algo y haces de la tarea antes de la cena, así tendremos tiempo para jugar a un juego más tarde.»

Fase 2: Motivar la responsabilidad y modelar la organización. Los esfuerzos colaborativos comienzan con los padres tomando la iniciativa y compartiendo el programa con sus hijos. Los padres les ayudan a encontrar la motivación para hacerse responsables de sí mismos. Estimulan su independencia, los guían por medio de actividades de resolución de problemas y toma de decisiones, les transfieren la responsabilidad por sus vidas de forma gradual y permiten que adquieran cada vez más autocontrol. Cuando no estés segura de lo que tus hijos necesitan de ti, la fase 2 es un buen lugar para empezar.

El lenguaje cambia de «nosotros» a «tú», añadiendo preguntas abiertas. «Puedes hacer tu tarea esta noche, antes o después de cenar. ¿Sabes lo que tienes que hacer? ¿Cuándo y dónde quieres hacerlo? ¿Cómo vas a premiarte cuando hayas terminado?»

Fase 3: Transferir la responsabilidad y apoyar la organización. La colaboración continúa. A medida que los niños se apropian de su programa y practican el autocontrol, los padres aprenden a soltar las riendas y asumir un papel de apoyo. Los adolescentes a menudo exigen independencia cuando están preparados para que entres en esta fase. Como lo que está en juego aumenta (por ejemplo, conducir un coche o solicitar el ingreso a la universidad), los padres se ven tentados a aferrarse a las riendas. En lugar de hacerlo, pídele a tu hijo adolescente permiso para hacerle sugerencias y ofrecerle consejos, empoderando su responsabilidad y autodeterminación.

El lenguaje deja claro que es el adolescente quien está a cargo, y que el papel de los padres es ofrecer apoyo. «Parece que estás llevando las cosas adelante muy bien. ¿Cómo te sientes? ¿Cuál es tu plan para... ? ¿Hay algo que pueda hacer para ayudarte?», o «Se me ha ocurrido una idea. ¿Quieres que te la cuente?»

Fase 4: Empoderar, alentar y solucionar problemas. El adolescente o adulto joven está controlando razonablemente de su propio programa, viviendo una vida independiente mientras sus padres lo alientan y le ofrecen apoyo para resolver problemas según sea necesario. Existe un consenso acerca de que los padres ya no son responsables de administrar la rutina. Los padres establecen gradualmente relaciones adultas con sus hijos en muchas áreas a partir de la adolescencia, aunque por lo general no es razonable pasar totalmente a esta fase hasta que se haya completado el desarrollo del cerebro del adulto joven, alrededor de los 25 años como mínimo.

El lenguaje cambia a comprobar y alentar. «¿Cómo te va? Parece que te estás arreglando muy bien estos días. ¿Qué celebras esta semana? ¿Hay algo en lo que pueda ayudarte?», o «Parece que las cosas están bien, pero recuerda que, si alguna vez quieres hablar de algo, aquí me tienes».

Los padres entran y salen de las cuatro fases, dependiendo de las necesidades de su hijo en circunstancias específicas. Por ejemplo:

- Te sientes como un sargento de instrucción por las mañanas (fase 1). Crees que tu hijo de 7 años está preparado para tener una mayor independencia, por lo que acordáis trabajar juntos para que se vista de forma independiente y elaborar estrategias para que lo logre (fase 2).

- Tu hijo de 11 años todavía necesita tu ayuda con la tarea de matemáticas (fase 2) pero le motiva el partido de fútbol que jugará después, por lo que realiza la tarea sin necesidad de recordatorios (fase 3).
- Tu hijo de 16 años está llevando adelante el tercer año escolar de manera independiente (fase 3), pero en época de exámenes notas que tiene dificultades y que duda en pedirte apoyo. Le sugieres hacer juntos una sesión de planificación (fase 2).
- Si tu hijo exige más independencia pero tú te encuentras preguntándote «¿Está bien dejar que mi hijo fracase?», dedica un poco de tiempo a planificar junto con él (fase 2) antes de cambiar los roles y dejarlo tomar la iniciativa (fase 3).
- Si has tenido éxito en la transferencia de responsabilidad (fase 3) y notas que tu hijo empieza a enfrentar dificultades, no reacciones retomando de inmediato el control (fase 1). En lugar de ello, asume una actitud colaborativa, haciendo preguntas y guiándole (fase 2). Vuelve a asumir el rol de apoyo gradualmente, en pequeños pasos (fase 3).
- Incluso los hijos universitarios e independientes (fase 4) pueden necesitar tu ayuda en tiempos estresantes. Durante el segundo año de universidad, mi hija me llamó en estado de pánico. No le dije qué debía hacer (fase 1) ni pregunté qué podía hacer para ayudarla (fase 2). En cambio, le pregunté: «¿Con qué apoyos cuentas en este momento?» (fase 3). Mi hija decidió concertar una cita con el departamento de apoyo a estudiantes, y yo me cercioré de que todo saliera bien (fase 4).

A medida que adaptamos *nuestros* comportamientos a estas cuatro fases, transferimos la responsabilidad y alentamos a los niños y adolescentes a alcanzar nuevos niveles de independencia. Evalúa la situación y ve al encuentro de tu hijo en el punto en que esté, brindándole la colaboración y el apoyo apropiados para permitirle que pueda manejar una mayor independencia.

Di que no a juzgar

El doctor Ned Hallowell se refiere a la estigmatización de los comportamientos de los niños complejos como un «diagnóstico moral»: la tendencia a juzgar los comportamientos de los niños como incorrectos, cuando en realidad son comportamientos que aún no han aprendido a controlar. Tales juicios son emitidos por extraños, miembros de la familia, maestros y, a veces, incluso por los propios padres, provocando cicatrices emocionales duraderas. Por otra parte, si no les damos a los niños una explicación acerca de sus dificultades y comportamientos, se juzgarán a sí mismos, generalmente exagerando los aspectos negativos.

Como adultos, también lo hacemos con nosotros mismos. Nos juzgamos con dureza, castigándonos por igual por los pequeños y grandes errores.

El juicio, es decir, la acción y el efecto de juzgar, es un concepto difícil y lleno de contradicciones.

- Utilizamos el juicio para orientarnos en nuestra vida diaria. Clasificamos nuestras experiencias en buenas, malas y neutras, lo cual nos lleva a ciertos comportamientos y decisiones. En muchos sentidos, nos hace la vida más fácil.
- Como explica el doctor Mark Bertin en su libro *The Family ADHD Solution*[4], el juicio «nos lleva a luchar con lo que no está bajo nuestro control». Por ejemplo, es comprensible que los padres de niños complejos se sientan

---

4. La solución del TDAH en familia (N. del T.).

decepcionados cuando no pueden controlar el comportamiento de sus hijos. Si un niño hiperactivo de 10 años está dando golpes contra las paredes o saltando sobre los muebles, unos padres frustrados pueden llegar a la conclusión de que es irrespetuoso y que no los escucha; o, peor, que nunca podrá alcanzar su máximo potencial.

Convertirnos en jueces no sirve a nuestros hijos ni a nosotros. Asignar un estigma a su comportamiento los hace sentir fracasados e interfiere con nuestra capacidad para ayudarles a mejorar ese comportamiento.

Juzgar a nuestros hijos también resulta doloroso y desalentador para nosotros como padres. A medida que perdemos la esperanza y la confianza en su futuro, nos desilusionamos y nos cuestionamos como padres. Tememos estar haciendo algo mal, de lo contrario a nuestros hijos les iría mejor. Confundimos su éxito con el nuestro.

Entonces, ¿qué debe hacer un padre? ¿Cómo redirigirá los comportamientos de su hijo y fomentará su resiliencia y su autoconfianza al mismo tiempo? ¿Qué pasaría si aceptaras plenamente que reconocer y apoyar a tus hijos en sus desafíos es en realidad la señal de una buena crianza?

El doctor Bertin alienta a los padres a reemplazar el juicio por el discernimiento: «Discernir es reconocer lo que podemos y debemos cambiar de lo que no podemos hacer, como dice la plegaria tradicional: aceptar lo que no podemos cambiar, cambiar lo que sí podemos, y encontrar la sabiduría para saber la diferencia».

Para los padres, eso significa entender plenamente los desafíos que enfrentan nuestros hijos y aceptarlo tal como son. Significa ayudarles a aprender la autogestión de forma gradual pero segura, estimulando el desarrollo un paso a la vez. Hablaremos de esto con frecuencia a lo largo del libro, especialmente en el capítulo 6.

Aunque no existe una varita mágica para dejar de juzgar, presta atención a tu tono y a los mensajes subyacentes que puedes estar enviando a tu hijos sin darte cuenta. Cuando evitas que tu hija hiperactiva intente hacer algo insólito, que puede traerle complicaciones, examina tus pensamientos y sentimientos en ese momento. ¿Te sientes irritada? ¿Molesta? ¿O te ríes de la insaciable curiosidad y la increíble energía de tu hija? Tus pensamientos, y las palabras y los tonos que usas para expresarlos, comunican mucho.

Di que sí a perspectivas diferentes

«La verdad sobre la mayoría de las verdades es que en realidad son percepciones, y no verdades» (Simon Sinek).

¿Alguna vez has experimentado uno de esos momentos clásicos en la tienda de comestibles cuando tu hijo se está comportando muy mal y todos te están mirando? ¿Sientes que todos te están juzgando a ti y a tu hijo que grita? ¿Qué pasa por tu mente? ¿No puedes evitar juzgar tú también a tu hijo? ¿O te juzgas a ti misma? ¿Crees que tu hijo puede percibir en tu rostro y en tu tono de voz que lo estás juzgando?

En ese momento, ¿cuál es tu perspectiva? ¿Estás pensando que la gente te puede estar juzgando? Es comprensible. Es embarazoso, como mínimo.

Pero también podrías pensar: «Este niño está pasando por un momento muy difícil. ¿Cómo puedo ayudarlo a controlar esas emociones tan intensas?». Esa perspectiva no evitará que los demás os miren, pero podría ayudarte a manejar la situación de una manera positiva, para que fortalezca la relación con tu hijo.

Cuando miramos las cosas desde diferentes perspectivas, podemos esperar nuevos resultados. Probablemente hayas escuchado la expresión «Las perspectivas influyen en la realidad». De hecho, las perspectivas tienen la capacidad de cambiar la realidad.

Tienes una opción. Cada momento de cada día estás tomando decisiones, incluso cuando crees que no tienes otra opción. Por ejemplo, en realidad no hay obligación de lavar los platos todos los días. Puedes elegir tener una cocina limpia porque te gusta, pero, en realidad, es una elección.

Es liberador reconocer tus elecciones y hacerte responsable de ellas. Además, es casi imposible hacer un cambio sostenible en tu vida sin cambiar tus pensamientos o perspectivas subyacentes. Como dijo Henry Ford, «Tanto si crees que puedes como si crees que no puedes, estás en lo cierto».

> Cada momento de cada día estás haciendo elecciones, incluso cuando crees que no tienes alternativas.

Por ejemplo, si piensas «Mi hijo es irrespetuoso porque nunca hace lo que le pido», te acercarás a él como lo harías con alguien irrespetuoso. Pero si cambias esa perspectiva y adoptas otro pensamiento, como «Mi hijo no hace lo que le digo porque le cuesta, debido a sus problemas de memoria; cuando le pasa, reacciona de forma intempestiva porque le avergüenza haberlo olvidado», podrías abordar las cosas de manera diferente.

Si crees que *tu hijo puede* hacer algo, o si crees que *tú puedes* dejar de gritar, te sorprenderá la facilidad con la que se convierte en realidad. Pero si piensas que no puedes, o que él no puede, bueno… tú me entiendes. Para crear una nueva perspectiva, tienes que creer que puede ser verdad. Si realmente no crees que tu hijo esté luchando contra sus dificultades, o no crees que se siente avergonzado, en realidad no estás asumiendo esa perspectiva.

Y aquí viene lo mejor: tú tienes el control total sobre tu perspectiva, y puedes cambiarla en cualquier momento; con un pequeño esfuerzo consciente, por supuesto.

De hecho, estoy utilizando este enfoque a lo largo de este libro. En cada capítulo presento un «problema» que nos es familiar a la mayoría de nosotros. Y luego ofrezco una «perspectiva de coach», que es otra forma de ver ese mismo problema. Replantear el problema es considerarlo desde una perspectiva diferente, y animarnos a explorar nuevas posibilidades. No significa que dejemos de ver los problemas que enfrentamos, pero, si aprendemos a mirarlos a través de un lente diferente, veremos las oportunidades que se abren ante nosotros.

A veces nos quedamos atrapados en perspectivas que ni siquiera nos percatamos de que hemos adoptado. Cuando notes que estás enganchada a una perspectiva, pregúntate «¿De qué otra manera puedo ver esto?» o «¿Qué más es verdad sobre esto?» y observa qué sucede. Cuando cambias de perspectiva, cambias lo que es posible y obtienes resultados diferentes.

Autodiálogo: Soltar

En su último año de la escuela secundaria, mi hijo mayor, que tiene dificultades considerables en la función ejecutiva, asistió a una escuela 2E (Twice Exceptional, dos veces excepcional) en Los Ángeles, California, donde vivía con una familia y pensaba dedicarse a la actuación. En esa época, yo vivía en Atlanta, Georgia.

En enero, consiguió un trabajo que requería vivir en otro país durante varios meses. Era una oportunidad increíble para él en lo profesional, un sueño hecho realidad. Pero nunca había trabajado, ni vivido solo, ni estudiado de forma independiente, y nunca había sido responsable de alimentarse a sí mismo. Tuve que esforzarme para no entrar en pánico.

Elegí verlo como una estupenda oportunidad para que él estuviera a la altura de la ocasión. Su motivación era fuerte, por lo que colaboramos para ayudarlo a lograr el éxito.

Hablamos de lo que podía hacer de forma independiente. Bex confiaba en que podría llegar al trabajo a tiempo (a pesar de que llegar a tiempo a la escuela había sido un problema hasta entonces), por lo que hablamos sobre cómo tendría éxito en esa área y estuvo de acuerdo en que yo me cerciorara, de vez en cuando, de que todo estuviera bien. Estaba seguro de que podía aprender sus frases por su cuenta y asegurarse de dormir lo suficiente, por lo que lo dejé totalmente en sus manos.

Bex sentía que había tres cosas que no podría manejar de forma independiente: conseguir comer cuando no estuviera en el set, el manejo de las finanzas y hacer la tarea. Acepté ayudarlo tanto como fuera posible. Se nos ocurrió un plan que incluía calentar muchas comidas en el microondas (algo no sencillo para una persona que debía llevar una dieta estrictamente libre de gluten en 2013); resolvimos juntos el tema financiero y establecimos cómo compartiría conmigo la información y, por último, me puse a buscarle un tutor. Este sistema nos dejó reconfortados a los dos. Tenía el permiso de Bex para involucrarme, y él sabía que yo lo respaldaba. Me concentré en los temas que él me pidió que manejara, lo que me permitió dejar de ocuparme de las otras cosas con un poco más de confianza y facilidad.

La crianza de los hijos es un ejercicio diario de desprendimiento: soltar el control, deshacernos de las expectativas poco realistas, dejar que los niños hagan las cosas a su manera y dejar de preocuparnos por cómo nos ven los demás.

Es como pasar el testigo a otra persona en la larga carrera de relevos que es la infancia. Empezamos sujetando todos los bastones, siendo responsables de todo. Luego transferimos los testigos, uno a uno, a sus legítimos propietarios: nuestros hijos. Queremos asegurarnos de que agarren cada testigo con firmeza, así que no lo arrojes (incluso cuando estés tentada de hacerlo). Lo que queremos es pasarlos con cuidado, para que nuestros hijos puedan sujetarlos con confianza.

EL ARTE DE SOLTAR

Estas cuatro preguntas pueden guiarte para encontrar una zona de confort al transferir la responsabilidad. No siempre lo harás con gusto, pero tener expectativas claras lo hará manejable. Con cada paso que tu hija da hacia la independencia, vuelves a reformular tu respuesta para que encaje con su mundo que va cambiando.

¿Qué es lo siguiente que puedo soltar? ¿Cuál es el próximo problema que debe abordar tu hija? Elige un lugar donde transferir la responsabilidad. ¿Cómo imaginas la independencia? ¿Cómo sabrás que lo has logrado? Es tentador esperar que los niños se responsabilicen de todo de una sola vez, por lo que esfuérzate por moderar tu propio ritmo (consulta el Capítulo 5).

¿Qué temas quiero seguir manejando? Colabora con tu hija para aclarar qué testigos es necesario que sigas sosteniendo tú, y dónde podrían ser necesarios andamios. Averigua si está preparada para hacerse cargo de algún tema que todavía estés manejando tú.

¿Cómo puedo ayudarla? Recurre a tu hija para que te oriente. Pregúntale en qué áreas todavía necesita apoyo. Al principio puede que no lo sepa, pero preguntárselo le ayudará a pensar en qué necesita, y a pedir apoyo cuando corresponda. Si se resiste a recibir apoyo, hazte la segunda pregunta de nuevo. ¿Está preparada tu hija para asumir más responsabilidades de las que ya le has transferido?

¿Qué necesito para sentirme cómoda? Librarse de la necesidad de controlar es más difícil para algunos que para otros, así que cuídate. Busca apoyo o coaching para ti misma. Busca algo que te reconforte durante el proceso, porque, si te sientes ansiosa o tensa, es probable que te aferres a las responsabilidades con demasiada fuerza y por demasiado tiempo.

Cuando estás demasiado involucrada en el éxito de tus hijos, corres el riesgo de aferrar demasiado las riendas o por demasiado tiempo. Debes estar dispuesta a ceder un poco de control para poder transferir la responsabilidad a tus hijos. Ese es nuestro trabajo como padres. Pero no es sencillo. La mayoría de nosotros hemos trabajado duro para alcanzar una sensación de control en nuestras vidas, por lo que dejar ir puede causar un conflicto interno.

Preguntas para el autodescubrimiento

- ¿En qué aspectos eres una experta para tu familia?
- ¿Cuál es el beneficio de criar a los hijos como un coach?
- ¿En qué fase del empoderamiento te encuentras? ¿Tu hijo está preparado para que pases a cuál de las fases?
- ¿Cuándo aparece el juicio de forma inadvertida en tu forma de criar?
- ¿Qué perspectivas te mantienen atrapada?
- ¿Qué quieres soltar y cuándo?

SEGUNDA PARTE

El Modelo de Impacto

Un nuevo paradigma: la crianza como un coach

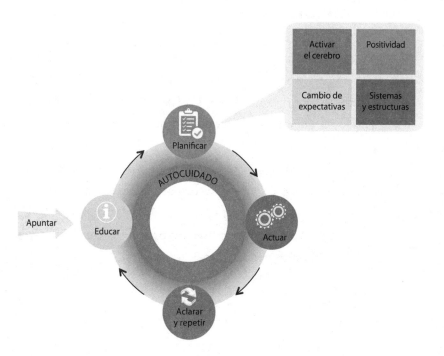

Cómo abordar situaciones complicadas

En el centro del enfoque del coach se encuentra el Modelo de Impacto de seis pasos, que ofrece una estructura clara y sencilla para abordar situaciones difíciles, un éxito cada vez.

Paso 1: Apuntar. Concéntrate en una dificultad a la vez; cuanto más específica, mejor. Pregúntate: «¿Cuál es el cambio que quiero?».

Paso 2: Informarte. Recopila información para comprender el contexto en torno a un problema. Prepárate para la resolución de problemas explorando tus perspectivas, las de tu niño y las de otros.

Paso 3: Planificar. Cada desafío podría tener múltiples soluciones. Explora estos puntos fundamentales antes de pasar a la acción:

Activar el cerebro: el cerebro de los niños influye en todos sus pensamientos y comportamientos (lo cual también es cierto para adultos estresados). Pregúntate: «¿Qué papel está jugando el cerebro del niño?» y «¿Cómo podemos apoyar o activar su cerebro complejo?».

Positividad: Con las continuas correcciones y cambios de dirección, las relaciones con los niños exigen un esfuerzo considerable. Visualiza el potencial de tus hijos. Empodéralos para que crean en su propio éxito. Pregúntate: «¿Cuáles son sus puntos fuertes?» y ¿Qué éxitos podemos celebrar?».

Cambio de expectativas: Cuando los niños tienen un retraso en el desarrollo, pon las expectativas altas únicamente de manera adecuada y progresiva. Pregúntate: «¿Es esta un expectativa realista basada en la etapa de desarrollo del niño?».

Sistemas y estructuras: Emplea sistemas y estructuras en el contexto de la activación del cerebro, la positividad y el cambio de expectativas, para ayudar a los niños a autogestionarse y autorregularse. Pregúntate: «¿Cuál es el objetivo de crear un nuevo sistema?».

Paso 4: Actúa. ¡Adelante, pon el plan en acción!

Paso 5: Aclara (ver capítulo 12) y repite. El cambio real y duradero requiere práctica, tiempo y experimentación. Prueba algo, modifícalo y vuelve a intentarlo. Cuando lo hayas hecho, apunta hacia algo nuevo.

Paso 6: Autocuidado. Cuidarte a ti misma es esencial para tu resistencia y resiliencia, y para modelar la autogestión consciente de tus hijos.

LA HISTORIA DE JENNA

Jenna estaba luchando por controlar sus reacciones. Sus gemelos de 14 años se estaban volviendo cada vez más irrespetuosos, y ella sabía que los gritos y las amenazas no ayudaban. Entonces tuvo un momento mágico. En un reunión de coaching grupal, explicó: «Fue como si se encendiera una bombilla en mi cabeza. Pensé "Utiliza el modelo». Luego me reí a carcajadas, canalicé la voz de Elaine, y me pregunté: «¿Cuál es el cambio que quiero ver?». Jenna decidió *apuntar* en ayudar a sus hijos a responder con respeto cuando oían un «no», especialmente cuando les pedía que hicieran algo que no deseaban hacer. Sintió curiosidad por saber cuál era el origen de los comentarios sarcásticos de sus hijos, y reconoció la frecuencia con la que se tomaba las cosas de manera personal. Ella y sus hijos acordaron una palabra clave para prepararse para la decepción, y la mejoría en su comportamiento ya se estaba haciendo notar. «Una vez que recordé usar el modelo, todo mejoró con rapidez», dijo. Estaba convirtiéndose en su propia coach.

Conclusión: «Pensé "Utiliza el modelo". Luego, de forma clara y tranquila, se preguntó a sí misma: «¿Cuál es el cambio que quiero ver?».

5

«¿Por dónde empiezo?»

Puedes hacerlo todo, pero no al mismo tiempo (Apunta)

«A menudo estamos tan enfocados en prevenir lo que tememos, que olvidamos que la alegría es aún posible, incluso en un mundo impredecible.»

THICH NHAT HANH

La cantidad de tareas es enorme

Los primeros años de crianza fueron abrumadores para mí. Los requisitos para mantener un hogar funcionando sin problemas eran innumerables (aparte de todo lo demás que debía hacer): escuela y tareas escolares, deportes y actividades culturales, encuentros deportivos, planificación de comidas, limpieza, lavado de ropa, uso compartido del automóvil, trabajo, educación religiosa, cuidado de familiares, apoyarse unos a otros, atención médica básica, pagar las cuentas, ser una buena vecina y amiga, compras de ropa, de alimentos y mucho más.

¡Criar hijos pone a prueba la capacidad de organización, autogestión y equilibrio emocional de cualquier persona! Cuando añades a la mezcla un miembro de la familia complejo, los temas que requieren tu atención se multiplican. Y cuando un adulto tiene, además, sus propias dificultades, el peso adicional de la responsabilidad puede alcanzar niveles críticos (ver el capítulo 2).

La crianza básica se complica cuando los niños están:

- Saltando sobre los muebles y rebotando por las paredes.
- Extraviándolo todo, desde fiambreras hasta abrigos y calcetines (¡los dichosos calcetines!).
- Viviendo crisis tremendas, mucho más allá de sus años de infancia.
- Aferrándose a sus padres con fuerza, temerosos ante la perspectiva de enfrentar el mundo de forma independiente.
- Molestando a los padres y maestros al quedarse mirando el vacío, poniéndose rápidamente en acción, o reaccionando de forma tan intensa que la familia siente que está caminando sobre cáscaras de huevo.

Además de los requerimientos de la vida familiar, los niños complejos significan para sus padres muchas otras tareas y responsabilidades:

- Apoyo ante las dificultades escolares.
- Reuniones adicionales con profesores y autoridades escolares.
- Gestión de adaptaciones en la escuela.
- Citas médicas adicionales, evaluaciones, terapias y tutores.
- Supervisión de encuentros deportivos.
- Responder a los trastornos y las crisis.

- Explicar las peculiaridades de sus hijos a familiares, coaches y maestros.
- Responder ante las discusiones y disgustos familiares.
- Brindar apoyo emocional adicional.
- Quedarse con los niños hasta que se duerman.
- Ayudarlos a realizar incluso las rutinas más básicas.
- Establecer rutinas que funcionen para niños específicos.
- Recibir capacitación, coaching y apoyo para padres.

En pocas palabras, los niños destinados a ser impulsivos, dependientes, distraídos, desorganizados, temerosos, desregulados emocionalmente y/o hiperactivos pueden causar estragos en la vida de una familia, requiriendo mucho más que la crianza típica.

Y estas son tan solo las cosas de las que los padres son responsables. No incluyen todas aquellas que los niños deben aprender a hacer por sí mismos (y que los padres deben enseñarles). Ahí es donde surge el verdadero desafío para muchos padres: cómo ayudar a los niños de manera efectiva.

Más allá de la carga adicional que comporta manejar y apoyar las necesidades especiales, existe una carga emocional para los padres de niños complejos que es difícil de articular y que constituye el mayor peso: la preocupación.

Por lo general, estos padres han tenido la sensación de que «algo no está del todo bien» por bastante tiempo. Están asustados, enfadados, abrumados, o las tres cosas a la vez. Anhelan (con desesperación) que algo cambie. Quieren que cambie ahora mismo, ¡antes de que sea demasiado tarde!

Muchos padres sienten la urgencia de abordar todos los problemas de sus hijos a la vez. La preocupación de que sus hijos no estén preparados para el futuro los obliga a redoblar la acción (o la disciplina). De modo que aplican más presión, a sí mismos y a sus hijos, lo que agrava los problemas. Tratar de abordar todo a la vez parece la única solución; y, sin embargo, empeora las cosas en lugar de mejorarlas.

La simple verdad es esta: ¡cuando hay problemas complejos en casa, luchar es inevitable!

Perspectiva de coach: La visión de maratón

Cualquiera que haya participado en una carrera de larga distancia —y debo admitir que no me incluyo— te diría que no se trata meramente de presentarse el día del evento. Cuando controlas tu ritmo en una carrera, no necesariamente pones el foco en la línea final; en cambio, pones tu atención en el punto en que estás en ese momento. Estás pendiente de tu cuerpo, tu respiración y tu mente, y te centras en dar el siguiente paso.

Los componentes clave para el éxito de una maratón son dos:

Prepararte: Equipo y nutrición adecuados; hidratación; sueño; horas de práctica, etcétera.

Marcar tu ritmo: Tomar las cosas con calma. Si te presionas para alcanzar un tiempo de menos de 3 minutos por kilómetro cuando te faltan más de 30 kilómetros, es probable que estés agotada antes de la línea de meta. Necesitarás comida y agua de forma periódica y mantener un ritmo constante para poder terminar la carrera.

La vida familiar va a un ritmo rápido. El volumen de responsabilidades es enorme. El éxito —y la cordura— dependen de tu capacidad para verlo como una maratón. Después de todo, la crianza de los hijos *es* un maratón, no un sprint. Es un

No subestimes el rol de la resistencia en la crianza.

evento que dura toda la vida, y eso requiere resistencia, atención, compromiso y la conciencia continua de que estás en ello a largo plazo. Cuanto antes aprendas a controlar tu propio ritmo, mejor será para todos.

Lo más probable es que al comienzo de la paternidad no hayas tenido presente la importancia de mantener un ritmo constante. En teoría, sabías que estabas asumiendo un compromiso de larga duración. Sin embargo, ¡antes de tener hijos no tenías idea de lo que eso significaba! Esto fue antes de que descubrieras que tu hijo tenía necesidades complejas.

A menudo les digo a mis clientes: «Puedes hacerlo todo, pero no al mismo tiempo». Esta consciencia —darse permiso para visualizar un cambio gradual— es verdaderamente liberadora. Llámalo como quieras: autocuidado, equilibrio, conciencia, priorización; todo se reduce a aprender a controlar tu propio ritmo. Significa:

- Tener una visión a largo plazo.
- Aceptar que la vida es un proceso, no un destino.
- Dejar de lado la necesidad de que todo suceda cuando «debería».
- Permitir que los niños se desarrollen a su ritmo, sin presionarlos para que crezcan antes de que estén listos.
- Aceptar que tú también mereces cuidarte a ti misma.
- Pensar en la siguiente decisión, en lugar de buscar la «respuesta correcta».
- Permitir la flexibilidad, porque la vida cambia en un instante.
- Dejar de lado la competencia y centrarse en lo que es importante para los niños.
- Planificar para el futuro, dejando espacio para el cambio.

No subestimes el papel de la resistencia en la crianza de los hijos. Los desafíos físicos —insomnio, estrés, cargar, levantar— son suficientes tanto para mantenernos en buen estado como para envejecernos exponencialmente. Pero son los desafíos emocionales los que nos mantienen despiertos por la noche. La visión de maratón puede ayudarte a llevar esta carga, te libera de la idea de que todo tiene que estar bien para siempre y te invita a concentrarte en los pasos siguientes.

Estrategia: Apuntar

En una reunión de grupo de coaching, Janel celebró haber finalmente «captado» la estrategia Apuntar. Estaba trabajando para lograr que su hijo de siete años se vistiera solo para ir a la escuela, reconociendo que dudaba que pudiera hacerlo por sí mismo. Todos los días le decía: «Una sola cosa», recordándole a él (y a sí misma) cuál era la meta. En aproximadamente una semana, su hijo bajó las escaleras vestido y listo para ir la escuela. Ella se puso a llorar y reír al mismo tiempo.

Si te preguntas *cómo se hace* para adoptar la visión de maratón sin sentirte constantemente estresada, comienza con el paso 1 del Modelo de Impacto: Apuntar. En lugar de intentar hacerlo todo ahora, apunta a un reto cada vez. Sé específica y obtendrás resultados. Puedes apuntar en cualquiera de estos dos niveles:

Macro: Observa el panorama general e identifica un área que quieres mejorar, como la logística en el hogar al principio de un año escolar, o, más adelante, el tema de las relaciones.

Micro: Aborda las preocupaciones diarias, centrándote en un solo enfoque, de forma tan específica como sea posible.

Por ejemplo, se necesitan muchos pasos para llegar de la almohada a la parada de autobús. Para mejorar la dinámica de las mañanas, apunta al *primer* comportamiento específico que deseas ver cambiado, como despertarse, levantarse de la cama, vestirse, cepillarse los dientes o tomar el desayuno.

Si estás pensando «¿Elegir una sola cosa? ¡Pero si hay tanto que hacer!», no estás sola. Cuando hay muchas cosas que mejorar es difícil elegir, y, en realidad, casi no importa por dónde empieces. Céntrate en algo que sientas que aligerará una carga o aliviará una molestia para ti o tu niño. Es totalmente razonable comenzar apuntando a algo que te está volviendo loca. Aliviar tu estrés aligerará la carga para toda la familia.

Pregúntate: «¿Cuál es el cambio que quiero ver?». Dependiendo del progreso de tu hijo, concéntrate en esa área por un día, una semana, un mes o más. En las sesiones grupales de coaching, guiamos a los padres a Apuntar dos veces al mes. A veces eligen un tema nuevo para cada convocatoria; otras abordan el mismo problema varias veces, tomándose el tiempo para Aclarar y Repetir (capítulo 12) para que el cambio sea duradero.

Cultivar la independencia requiere dar pasos de bebé. Cuando nos enfocamos en un cambio cada vez evitamos abrumarnos, mejoramos la consistencia y obtenemos resultados, para nosotros y nuestros hijos. También permite que todos, padres e hijos, experimenten el éxito, lo que engendra más éxito. Apuntar nos permite ayudar a los niños a aumentar su independencia en un área, mientras les proveemos de andamios en otras.

Por ejemplo, si queremos que los niños se levanten de la cama por la mañana al sonar el despertador, podríamos centrarnos en ello mientras continuamos brindando apoyo en otros temas el resto de la mañana, ayudándoles a superar los más difíciles. En esto reside la virtud de este método: cuando un área comienza a mejorar, la mejoría se extiende a otras. Una vez que tu hijo se sienta capaz de levantarse de la cama, también podría comenzar a cepillarse los dientes sin recordatorios. Si te enfocas en mejorar una cosa cada vez, verás más progresos.

Cuando una nueva madre en nuestro grupo privado de Facebook nos pidió consejo, otra madre respondió desde Inglaterra: «Apunta. Elige una sola cosa a la vez para enfocarte. De lo contrario, te resultará abrumador. Mi hijo de 10 años fue diagnosticado con TDAH de tipo combinado el año pasado. Pensé que nunca saldríamos de ese lugar oscuro y desafiante. Casi un año después, es increíble ver cuánto hemos avanzado».

Di no a los saboteadores

Como adultos, estamos alerta ante el ciberacoso, la violencia al volante y la ira en el lugar de trabajo. El acoso o *bullying* comienza en la infancia y persiste durante toda nuestra vida. Pero los peores matones, aunque sean diferentes, son los que viven dentro de nosotros. Son los más difíciles de evitar, y también *los únicos* que tenemos el poder de cambiar.

Todos tenemos una voz interior que no es útil ni nos apoya. Conocido en el mundo del coaching como el «crítico interno», «saboteador», «gremlin» u «ogro», este mensajero interno hace trastadas en nuestras cabezas. Los saboteadores señalan todo lo que hacemos mal y nos dicen que no podemos hacer nada bien. Intentan evitar que cambiemos algo, lo que sea, incluso si es para mejor. Su misión es mantener las cosas como están.

Puedes cambiar el comportamiento de un acosador, cuando el acosador eres tú.

Los saboteadores pueden ser ruidosos y molestos, o melifluos e insidiosos. Aunque suenen convincentes, no dicen la verdad. Confían en tu credulidad para aumentar su poder.

El nombre de mi saboteador principal es Prudencia; es fría y calculadora, una musaraña disfrazada de madre judía cálida, afectuosa y profesional. Le gusta que yo crea que me está guiando con sabiduría, pero sé que en realidad no es así. Confieso que solía darle rienda suelta a Prudencia para hacerme sentir mal conmigo misma. Yo jamás hablaría con mis amigos o familiares como le permito que ella me hable a mí.

¿Alguna vez te dices a ti misma cosas como: «Soy tan idiota», «¡¿Cómo he podido ser tan estúpida!?», «¡¡En qué estaba pensando!?», «No puedo hacer nada bien», «No hay forma de que pueda hacer esto», o «¿Por qué me querrían, después de todo?»?

Esos son tus saboteadores trabajando duro.

Por supuesto, el acosador no actúa solo. Así como Malfoy tiene sus matones en *Harry Potter*, el matón interno tiene el mundo de la cultura popular (televisión, películas, revistas y redes sociales) para apoyarlo y energizarlo. Recibimos mensajes de que deberíamos ser más delgadas, más suaves, más inteligentes y/o más sexys. Nuestros saboteadores utilizan cruelmente estos estereotipos sociales contra nosotros. Refuerzan todos los engañosos «deberías» del mundo (ver el capítulo 1).

Enseñé a mis hijos a reconocer las voces de sus saboteadores e incluso les di pequeños títeres de dedo con forma de saboteadores, para que los apretaran en sus bolsillos cuando se sintieran mal consigo mismos. He tenido clientes adultos que han adherido sus títeres gremlin con imanes en la nevera y los han colgado en el coche. Cualquier cosa que ayude a externalizarlos y exponerlos como las amenazas que pueden ser.

CÓMO DOMAR AL ACOSADOR INTERIOR

Presta atención a los mensajes que te dices a ti misma.
Si te dices cosas que nunca le dirías a alguien a quien amas, pregúntate: «¿Es eso verdad?». No dejes que tu acosador se salga con la suya diciendo mentiras y fingiendo que son hechos.

Utiliza el fracaso (consulta el capítulo 8). Date un respiro y aprende de tus errores sin considerarte «mala».

Acepta el factor «¡ups!» de la vida. Deja de poner excusas o culpar a los demás por tus errores; simplemente ocurren. Ser dueña de tus errores te ganará el respeto de otros y te ayudará a enfrentarte a tus saboteadores con confianza.

El problema con los saboteadores es que tienen información privilegiada. Saben cómo presionar nuestros botones mejor que nadie; en los momentos de debilidad, nos golpearán en nuestros puntos vulnerables. Pero puedes cambiar el comportamiento de un acosador cuando ese acosador eres tú. Cuando lo hagas, estarás enseñando a tus hijos a hacer lo mismo. ¡Es la mejor manera de enfrentarse a un acosador!

Di sí a lo más importante

Una vez estaba tan preocupada de que mis hijos no aprendieran a manejar los conceptos básicos de sus vidas que traté de anotar todo lo que debían hacer, día a día, de la mañana a la noche, en una tabla de recompensas «sencilla». Fue el pináculo de mi intento de hacerlo todo. En retrospectiva, fue una tentativa absurda de controlarlo todo (ver el capítulo 10).

La tabla era ridículamente complicada: ganaban dos puntos por hacer esto, perdían un punto por hacer lo otro. Era más de lo que yo misma podía recordar, y mucho más de lo que nadie podría manejar. Mi necesidad de abordar todos los problemas a la vez hizo que mi esposo, mis hijos y yo nos sintiéramos abrumados y desanimados.

En teoría, si hubiera podido reunir todas las cosas que pensaba que eran importantes en una lista para mi uso exclusivo, con el fin de abordar un tema cada vez, podría haber sido útil. Pero, como lista de tareas diarias, estresaba a toda la familia. En ese momento, no entendía la importancia de simplificar las tareas de mis hijos para que ellos mismos pudieran entender dónde poner la atención. Algunas cosas tenían que esperar.

Cuando nuestros hijos son bebés, queremos que sean felices y saludables, lo cual no es tan difícil de lograr. A medida que crecen, las apuestas aumentan. Todo, desde el momento en que se despiertan hasta cuando se van a la cama, representa su futuro. El problema es que perdemos de vista nuestro profundo deseo de que estén sanos y sean felices.

Es poco razonable esperar que nuestros hijos hagan todo lo que queremos a la vez. Ponemos nuestra atención en los resultados, tales como deberes hechos, buenas calificaciones y tareas entregadas. Establecemos medidas de éxito, como que les vaya bien en la escuela, que hagan y mantengan buenas amistades y sean obedientes, respetuosos y considerados. Lo queremos todo, y lo queremos ya.

Todo: ganar y perder

PUNTOS A GANAR

Tarea	Puntos	Lun	Mar	Mie	Jue	Vie	Sab	Dom
Rutina de la mañana								
Levantarse de la cama a las 6:45am	2							
Hacer la cama y apagar las luces	2							
Bajar a las 7:05	2							
Vitaminas en el desayuno	2							
Vaso de agua	1							
Listo para caminar 7:40am	2							
Alimentar al perro (Josh)	1							
Lavar de nariz, aerosoles y vapor	5							
Rutina después de la escuela								
Descargar mochila/Mirar agenda	1							
Vaciar fiambrera (nevera y lavavajillas)	2							
Comer un bocadillo	1							
Vaso de agua	1							
Hacer los deberes sin recordatorio	1							
Guardar los útiles escolares (Josh)	1							
Colgar abrigos en ganchos y cambiar zapato	2							
Poner las mochilas en su lugar	1							
Lavado de nariz, aerosoles y vapor	5							
Revisar la agenda de tareas	2							
Rutina a la hora de comer								
Quedarte en la mesa (Josh)	1							
Probar comida nueva	1							
Disculparse al levantarse de la mesa	1							
Limpiar plato y poner en lavavajillas	1							
Sacar la basura, según sea necesario	1							
Limpiar los platos de mamá y papá	1							
Rutina nocturna								
Tomar vitaminas (si las olvidó en la mañana)	1							
Acostarse a tiempo (Josh: 20:00; Syd: 21:00 y Bec: 22:00)	1							
Leer para sí mismo 15/20 min.	2							
Luces apagadas (Josh: 20:30; Syd: 21:30; Bex 22:00	1							
Diez minutos de limpieza (mesa, tarea, habitación)	3							
Lavado de nariz, aerosoles y vapor	5							
Mochilas y tareas guardados	1							
Rutinas Semanales								
Ejercicio (3 a 4 veces)	1							
Practice Instruments (3-4x) (1 ea; 5 fo	1							
Taquillas limpias/cesto vacío (mediodía dom)	3							
Guardar la ropa (antes del viernes)	1							
Devolver el cubo a la lavandería antes lunes	1							
Limpiar las orejas del perro	2							
Bañar al perro	2							
Llevar reciclaje/basura colina abajo	1							
Subir contenedores reciclaje/basura	1							
Completar la agenda de la próxima semana	2							
Tareas varias - Opcionales								
Lavar coches	5							
Aspirar interior coches	5							
Cortar el césped	5							
Barrer las hojas	5							
Lavar la propia ropa	4							
Subir la ropa limpia de la lavandería	1							
Recoger palos y rocas (césped)	2							

PERDER PUNTOS

Tarea	Puntos	Lun	Mar	Mie	Jue	Vie	Sab	Dom
Rutina Matutina								
Bajar más tarde de las 7:15	-5							
No tener zapatos no puestos antes de salir	-2							
Dejarse el almuerzo en casa	#							
Dejarse el almuerzo y pedir tele-entrega	#							
Comer antes de dar de comer al perro (Josh)	-2							
Rutina después de la escuela								
No vaciar la fiambrera	-3							
No colgar los abrigos	-2							
Rutina a la hora de comer								
No quitar la mesa después de comer	-1							
No tomar vitaminas todo el día	-2							
Comer de forma poco educada	-1							
Rutina nocturna								
Más de 15 min. tarde (Josh)	-3							
Más de 30 min. tarde (Syd y Bec)	-3							
Tarea/mochila no guardada	-3							
Rutinas semanales								
Dejar ropa sucia al pie de la escalera	-3							
No limpiar taquillas/cesto	-5							
Dejar bebedero del perro sin agua (Syd)	-2							
Ropa sin guardar después de las 17:00 domingo	-5							
Cesto de la ropa sin llevar abajo el lunes	-1							
Puntos varios - Facultativos								
«Yo solo estaba…»	-1							
«Ya lo sé» sin escuchar	-1							
«Espera… Espera… Espera…»	-1							
Dejar cosas por ahí (cesto)	-5							
Discutir cuando se le pide que haga algo	-5							
Dejar el ordenador encendido	-2							
No cerrar la sesión de la tarea en ordenador	-2							
No tirar basura/Limpiar después de -2	-2							
Gritar a los padres/adultos (-2 a -5)								
Golpear, patear, morder (-2 a -5)								
Berrinches/rabietas (-2 a -5)								

Por la salud y la felicidad a largo plazo de tu hijo, comienza poco a poco. Céntrate en el siguiente obstáculo, en lugar de en toda la carrera. Con visión de maratón, apunta a silenciar las voces de tus saboteadores y centrarte en lo que es esencial para el crecimiento y desarrollo de tus hijos. Eso significa decidir por ti misma (y tu hijo) lo que es más importante hacer a continuación.

Escríbete una pregunta simple en una nota adhesiva para ayudarte a aclarar tus prioridades; por ejemplo, «¿Qué es lo más importante en este tema?» o «¿Cuál es mi prioridad en este momento?». Ponla donde puedas verla: en la puerta del frigorífico sobre el mueble de la cocina o en el cajón de tu ropa interior. Cuando te des cuenta de que te sientes irritada ante una tarea incumplida, respira hondo y hazte la pregunta.

¿Tu prioridad es que los niños pasen de la escuela secundaria a la universidad? ¿Lo es prepararlos para cualquier dirección que les lleve la vida? ¿Se trata de logros individuales o de relaciones? A veces puedes descubrir que es importante que se saque la basura de inmediato, y allí tienes tu respuesta. O puedes descubrir que, después de un día difícil, tu hijo finalmente está completando una parte de su tarea y no quieres interrumpirle.

En todo momento, hay decenas de expectativas que tienes para tu hijo, todas ellas importantes a largo plazo. Pero, a corto plazo, es fundamental priorizar, tejiendo una trama de éxitos para el largo plazo. Recuerda que todo se puede lograr con el tiempo.

> Por la salud y la felicidad a largo plazo de tu hijo, comienza poco a poco.

Priorizar en función de lo que es fundamental para ti evita que las cosas de la vida se conviertan en una prioridad más importante que las propias personas.

Conversaciones internas: En serio, ponte tu máscara de oxígeno primero

Hace años, el terapeuta infantil y familiar David Alexander llevó a una charla para padres una gran banda elástica rota. Había sido usada para sujetar carpetas de gran tamaño en algún ático, y estaba reseca y quebradiza por haber permanecido mucho tiempo estirada.

Incluso la banda de goma más flexible perderá su elasticidad si se mantiene muy estirada por demasiado tiempo. Los padres necesitamos liberar la tensión de vez en cuando para no rompernos.

En teoría, sabes que tienes que cuidarte para satisfacer las necesidades de tus hijos, aunque ser consciente de ello es difícil para muchos de nosotros. Sin embargo, cuidarse no es un lujo que solo otros padres pueden permitirse. El éxito comienza con la forma en que piensas y te hablas a ti misma.

Esto va a sonar imposible para algunos de vosotros. Debo reconocer por mi parte que todavía debo luchar con este tema a diario. Estoy mucho más centrada en las necesidades de mi familia y de mi trabajo, que en las mías propias. Cuando me paso de la raya y caigo en el agotamiento, todos sufren.

Los niños con problemas crónicos necesitan aprender a cuidarse a sí mismos de forma consciente; tu cuidado personal modela una autogestión positiva.

El Modelo de Impacto pone el acento en cuidarse, porque es esencial para todo en este libro. Es como ponerse la máscara de oxígeno primero en un avión: para que puedas ayudar a otros, debes ponerte a ti mismo en tu lista de prioridades, no solo en la teoría sino en la práctica. Este enfoque funciona mejor cuando eres la parte saludable de la ecuación. Marcar el ritmo a largo plazo es imposible cuando te desmayas por falta de oxígeno.

¿No estás convencida? Imagínate si fuera importante satisfacer al menos algunas de tus necesidades. Conseguir dormir lo suficiente (no, no estoy bromeando), aprender a establecer límites para uno mismo, tener citas y noches en pareja o con amigos.

Si realmente pusieras atención en cuidarte, ¿cómo repercute esto en tu familia? ¿Estarás más tranquila cuando tu hijo se derrumbe porque no puede resolver un problema de matemáticas? ¿Estarás suficientemente consciente como para no morder el anzuelo cuando tu hijo adolescente te provoque?

¿Y qué hay del impacto indirecto sobre ellos? Los niños con problemas crónicos necesitan aprender a cuidarse a sí mismos de forma consciente, y tu cuidado personal les sirve de modelo de autogestión. Como aprendices de la vida, cuando te ven cuidarte es más probable que aprendan a hacer lo mismo con el tiempo. «Haz lo que digo, no lo que yo hago» no funciona con estos niños. Aprenderán viéndote en acción.

Una madre en nuestra comunidad dejó de hacer ejercicio al aceptar un trabajo a tiempo completo porque se sentía culpable por pasar menos tiempo en casa. Al crecer su irritabilidad, pensó que el trabajo era el problema. Sin embargo, sus hijos le pidieron que volviera a hacer ejercicio; prácticamente le rogaron que retomara su rutina de cuidado personal.

Con niños con problemas crónicos hay que aprender a cuidarse de forma consciente, sabiendo que generas en ellos una autogestión positiva.

De manera similar, cuando mi esposo comenzó a hacer ejercicio con más regularidad, los niños lo vieron disfrutar y desafiarse a sí mismo y entendieron el mensaje. Comenzaron a hacer lo mismo por su cuenta y dos de ellos se convirtieron en atletas. La forma en que se ejercitan podrá variar a lo largo de sus vidas, pero la importancia para ellos queda clara. Creo que está directamente relacionada con la actitud de mi esposo, que les sirvió de modelo.

Cuidarte más te ayudará a concentrarte mejor en las necesidades de tu familia. Si quieres ser capaz de ayudar a otros que lo necesitan, tienes que mantenerte en forma, en todos los sentidos.

Preguntas para el autodescubrimiento

- Toma tu diario o cuaderno y haz una lista de todo lo que estás añadiendo a tu carga. Sigue haciéndolo. ¡Sácalo todo fuera!
- ¿De qué maneras puede ayudarte adoptar una visión de maratón?
- ¿Qué serían una macroárea, y tres microáreas dentro de ella, hacia las que podrías apuntar? Elige una para empezar.
- ¿Qué te dicen tus saboteadores?
- ¿Qué es lo más importante para ti como padre o madre?
- Haz una lista de las formas en que te dices a ti misma que el cuidado personal no es importante (escribe en tu diario o cuaderno si es preciso). Ahora anota, al lado de cada uno de ellos. un nuevo mensaje reformulado de una manera que sea más útil.

LA HISTORIA DE LINDA

La primera vez que hablé con Linda, me había llamado desde el vestidor de su casa. Dado que estaba siempre en un estado de lucha o huida, solía quedarse hasta tarde en la oficina, para luego meterse en su vestidor al llegar a casa, pensando que era mejor que comprar un billete de ida para dejar la ciudad (algo que deseaba en secreto). Me habló de una gran explosión de ira de unas noches antes, un suceso que la llevó a programar una «sesión de cordura» conmigo. La placa de yeso se podía reparar, me dijo, pero el daño causado por las cosas que había dicho —palabras que nunca podría recuperar— duraría para siempre. Tenía claro, quizás por primera vez, que, aunque su hijo no estaba libre de culpa, su incapacidad para controlarse a sí misma había exacerbado las cosas. Quería detener el caos que se arremolinaba a su alrededor y aprender a manejar mejor las situaciones. Le aseguré que, aunque no siempre podemos controlar lo que sucede, podemos aprender a responder a lo que pasa con más gracia y respeto.

El problema: Linda estaba seriamente preocupada por el daño causado por palabras de las que nunca podría retractarse. Su incapacidad para controlarse a sí misma no estaba ayudando. De hecho, estaba empeorando las cosas.

6

«¿Por qué no puede simplemente...?»

Nadie conoce a tu hijo mejor que tú

.

> «Comprender la naturaleza de la situación hace que sea mucho más fácil transformarla.»
>
> THICH NHAT HANH

«¿Por qué no pueden simplemente...?»

No importa cuán bien intencionados sean, muchos seres queridos y amigos afectuosos nunca comprenderán del todo la realidad de tu vida. ¡Es mucho más complicada de lo que aparenta!

Los problemas complejos, como el TDAH, la ansiedad, el autismo, los trastornos del aprendizaje y otros relacionados, se ven diferentes para cada persona que los enfrenta. No son tangibles como los niveles de azúcar en la sangre o visibles como los huesos rotos. Se meten en cada grieta y hendidura de la vida diaria.

Los padres pasamos años tratando de alcanzar una comprensión básica, a fin de poder guiar a nuestros hijos a través del laberinto de sus complejos cerebros. Al mismo tiempo, vivimos en secreto un conflicto interno: a veces, nosotros mismos luchamos por aceptar que los problemas de nuestros hijos son reales.

- Nos da miedo que nuestros hijos no estén al mismo nivel, en cuanto a desarrollo, que sus pares.
- Nos exaspera sentirnos como discos rayados, dirigiendo y redirigiendo de forma constante.
- Es desesperante que nuestro dulce niño hable con sus hermanos, o con nosotros, con un lenguaje que haría sonrojar a un marinero.

Cuando nos sentimos frustrados o molestos, agotados o abrumados, no nos planteamos la posibilidad de que haya una razón legítima por la que nuestros hijos no están haciendo lo que se espera de ellos. Solo queremos que sean «típicos» durante el tiempo suficiente para darnos un respiro.

Entonces, cuando las personas bien intencionadas nos dicen: «Si tan solo…» y sugieren que utilicemos la disciplina, que les hagamos rendir cuentas, que establezcamos límites claros o nos dicen «No le permitas que te hable así», internalizamos esos comentarios y nos sentimos ineficaces.

Y nosotros, sin darnos cuenta, hacemos lo mismo con nuestros hijos. Como escribe uno de mis clientes sobre su hijo, «Lo que realmente quería «solo» era que hiciera su tarea, «solo» que no se emocionara tanto, «solo» que siguiera instrucciones sencillas, «solo»… En fin, podrías añadir mucho más».

> Solo queremos que sean «típicos» durante el tiempo suficiente para darnos un respiro.

¿Con qué frecuencia te preguntas cómo diablos sucedió algo, para luego tener apenas una idea de lo que realmente ocurre? «¡Oh, sí, eso fue impulsivo!», dices, o «Sí, ¡el niño se ha distraído!», o «Vaya, ella ni siquiera recuerda esa conversación».

En cierto modo, sabes la razón por la que tu hija no puede recordar que debe dejar la ropa sucia en la lavandería, o por la que no deja de reaccionar de forma exagerada o de pelear con el hermano que la provoca.

Varios aspectos de la función ejecutiva están rezagados y no se están desempeñando adecuadamente para su edad cronológica (consulta el capítulo 7).

Y, sin embargo, a veces se necesita un tiempo para comprender la profundidad del problema. Incluso cuando saben que sus hijos podrían estar experimentando un retraso en el desarrollo, los padres a menudo dicen cosas como:

- «Sé que está ansioso, pero es inaceptable que no me haga caso cuando le pido algo.»
- «¿Por qué ha seguido saltando sobre en el sofá justo después de que le he dicho que no lo hiciera?»
- «¿Por qué es tan sensible?»
- «¿Por qué no me dice lo que le está pasando?»
- «Me acabo de dar cuenta de que su TDAH es realmente la causa de todo esto. Me lo han estado diciendo durante dos años, pero creo que aún lo estoy asimilando.»
- «¿Por qué tengo que repetir las cosas?»
- «¿Por qué no ha entregado la tarea si en realidad la ha terminado?»

¿Por qué?, preguntamos. «¿Por qué no lo has hecho?», «¿Por qué no lo haces?», «¿Por qué no puedes simplemente...?» Estas preguntas expresan impotencia y causan estragos en nosotros y en ellos. Las hacemos creyendo que nos llevarán hacia las respuestas. En cambio, la pregunta «¿Por qué no puedes simplemente...?» constituye un detonador que alimenta nuestra frustración, intensifica la situación y pone a otros a la defensiva. Atrapa a nuestros hijos en un ciclo perpetuo de fracaso, y, al mismo tiempo, nos atrapa en un papel de víctima.

Los adultos que tenemos cerebros complejos, también debemos luchar con esto. Sabemos que olvidamos cosas o que nos cuesta gestionar nuestro tiempo. Pero no queremos que nuestros hijos sufran como nosotros, así que a veces somos aún más duros con ellos, exigiéndoles unos estándares imposibles. En lugar de decir «¿Por qué no puedes simplemente...?», decimos «Si tan solo lo hiciera». El resultado es el mismo.

Perspectiva de coach: ¿Es un niño travieso o es algo neurológico?

Llegas a casa a las 17:30, después de un largo día de trabajo y treinta minutos de tránsito endemoniado. Ahora tienes que preparar la cena y asegurarte de que tu hijo haga la tarea. Tu hijo menor necesita un baño antes de la cena, o nunca tendrás a todos listos a la hora de acostarse. Le pides a tu hijo de 14 años (que tiene TDAH y ansiedad) que ponga a hervir agua en una olla mientras bañas a tu hijo de 6. Te gustaría que tu hijo dijera «Claro, mamá. ¿Puedo hacer algo más?». En cambio, grita: «¡No puedo! Tengo un montón de deberes, que ni siquiera son divertidos. No tienes idea de cuántas matemáticas tengo. ¡Nuestra maestra nos odia! Y resulta que tengo que entregar mi trabajo de literatura mañana. ¡Nunca nos lo dijeron! ¡Así no hay manera!».

Para entonces, estás más cerca de hervir que esa olla de agua. Quieres gritar: «Oye, niñato, ¿sabes qué clase de día he tenido? No te estoy pidiendo que hagas la cena, algo que podrías hacer perfectamente por tu edad. ¡Es solo poner una olla de agua!».

En lugar de dejar que se quemen tus fusibles, respira hondo, deja salir la presión y pregúntate: «¿Es un chico travieso o es algo neurológico?». ¿Qué está pasando realmente? Tu hijo lucha con emociones intensas, que han ido en aumento al darse cuenta de que no ha planificado su trabajo de literatura con anticipación. Por otra parte, escribir no se le da bien. Se siente atrapado y abrumado, y no puede evitar estallar porque lo ha estado aguantando todo el día. Tu hijo tiene dificultades y siente que en ti tiene un lugar seguro para dejar salir lo que le pasa.

Aprendí a hacer esta pregunta de la doctora Kathleen Platzman alrededor de 2002 y la he estado usando desde entonces. Cada vez que sientas la tentación de preguntarte «¿Por qué no puede simplemente...?», reemplázala por «¿Es travieso o esto es algo neurológico?».

En realidad, poner una olla de agua a hervir involucra un apreciable número de funciones ejecutivas. Si comprendes la razón neurológica, puede que aún sigas frustrada, pero estarás más dispuesta a apoyar a tu hijo que si piensas que está siendo grosero. Por ejemplo, podrías:

Reconocer lo que está pasando, para que tu hijo también pueda reconocerlo. («Vaya, parece que estás realmente molesto. Supongo que te sientes estresado por todo ese trabajo que tienes por hacer.»)

Mostrar compasión. («Me enfado cuando siento que no tengo suficiente tiempo. Yo también me suelo sentir así, por lo que me puedo identificar contigo.»)

Modificar o negociar, dándole a tu hijo algo de control. («No me he dado cuenta de que también es difícil para ti decir sí. Si pones a hervir el agua, tendré más tiempo para ayudarte con tu trabajo esta noche. ¿Te parece bien? ¡Verás como lo sacaremos adelante juntos!»)

El cerebro es el responsable de todos los comportamientos y funciones ejecutivas. Gobierna todos los aspectos de la vida: pensamientos, sentimientos y acciones. Comprender el simple hecho de que puede haber una explicación neurológica para cualquier comportamiento puede ser liberador. Te libera de la tendencia a culpar y juzgar, y te conecta con la compasión y la comprensión.

Claro que, a veces, los niños son realmente pícaros o traviesos. Si es travieso y tú simplemente estableces sistemas para corregir su comportamiento, es posible que cambie. Pero, si es neurológico, lo más probable es que todos los elementos disuasorios del mundo sean incapaces de cambiar el comportamiento.

En los próximos capítulos, encontrarás estrategias y tácticas para ayudarte a responder de manera efectiva, al identificar las causas neurológicas subyacentes de los comportamientos difíciles. Una vez que reconozcas que tu hijo está luchando con algo, el próximo paso será adoptar lo que uno de mis clientes llama «el enfoque de la curiosidad».

En el caso de que el problema sea neurólógico, es probable que todos los elementos disuasorios del mundo sean incapaces de cambiar el comportamiento.

Estrategia: No te pongas furioso, utiliza la curiosidad (antes de planificar)

Sé que dicen que la curiosidad mató al gato, pero ¿y si en realidad la falta de curiosidad de los padres creara una zona de peligro para los niños?

Incluso cuando existen explicaciones razonables, el comportamiento de nuestros hijos puede ser increíblemente difícil de sobrellevar. Nos sentimos frustrados, asustados, enojados, abrumados y desesperanzados. Los padres dueños de sólidas funciones ejecutivas no piden más que un buen plan; sin embargo, para los padres que tenemos dificultades con nuestras funciones ejecutivas, el plan puede ser tan solo una palabra de cuatro letras. De cualquier manera, todos queremos tener el camino claro, y la curiosidad es la clave, porque allana el camino hacia una planificación y una resolución de problemas más eficaces.

Cada vez que te encuentres juzgando el comportamiento de alguien (no solo de tus hijos), sé consciente de ello. Toma un respiro y recuerda ser curiosa. Hazte preguntas como: «¿Qué está pasando aquí?», «¿Qué lo motiva?» o «¿Qué está motivando ese comportamiento?». La curiosidad puede cambiar tu enfoque, de «¿Por qué está haciendo eso?» a «Me pregunto qué le estará pasando». Cambia tu mentalidad de «¿Por qué no puede simplemente...?» a «¿Es un chico travieso o es algo neurológico?»

La curiosidad es la herramienta principal para usar en el paso 2 del Modelo de Impacto. Después de apuntar hacia un cambio que desees conseguir (consulta el capítulo 5), emplea la curiosidad para recopilar información, o empieza a buscar información o instrucción sobre lo que está sucediendo. Un poco de trabajo detectivesco puede ayudarte ver las cosas desde una variedad de perspectivas y descubrir motivaciones y obstáculos subyacentes. ¿Cuál es tu perspectiva? ¿Cómo los está experimentando tu niño? ¿Qué pasa en la escuela, o con otros miembros de la familia? En cada uno de los siguientes cuatro capítulos, presentaré cuatro contextos para considerar a la hora de armar un plan para abordar cualquier dilema. Cada vez que te sientas confundida, no sepas qué decir o no puedas creer la forma en que está actuando alguien, vuélvete curiosa utilizando estos lentes y fíjate en qué se podría convertir en realidad:

Activar el cerebro: La mayoría de los comportamientos están influenciados por lo que está sucediendo en el aspecto químico en el cuerpo y el cerebro, y esto es cierto tanto para niños complejos como para padres agobiados y estresados. Ya sea a través del ejercicio, la nutrición, el sueño, la medicación, la meditación, el coaching u otra cosa, mejorar su capacidad de trabajo de la forma más eficaz posible es esencial para el éxito de cualquier plan.

Emplear la positividad: Los niños complejos están constantemente cayendo, perdiendo, rompiendo y olvidando cosas, y suelen ser corregidos por sus padres de la mañana a la noche, aunque estos ni siquiera se den cuenta. Mantener la relación con los hijos y preservar su autoestima a pesar de los frecuentes errores y redirecciones es la clave. Busca el potencial de tus hijos y empodéralos para que conciban su propio éxito centrándose en lo que para ellos es posible.

Cambiar las expectativas: Tienes todos los motivos para establecer altas expectativas para tus hijos. El truco es hacerlo de una manera apropiada según la etapa del desarrollo. Dado que aproximadamente el 30% de los niños complejos están retrasados entre 3 y 5 años con respecto a sus compañeros de la misma edad en algunos aspectos del desarrollo, establecer expectativas de manera realista les permite sentirse exitosos independientemente de su edad. Cambiar las expectativas no es conformarse con expectativas «menores» o «rebajadas».

Crear sistemas y estructuras de forma efectiva: Las rutinas y procesos que usamos para hacer mejoras y administrar nuestras vidas son más eficaces cuando se desarrollan en el contexto de la activación del cerebro, de la positividad y del cambio de expectativas. Los sistemas y las estructuras no son un objetivo final: son un medio para ayudarnos con la auto-gestión, la autorregulación y el logro del éxito personal.

La curiosidad te ofrece la oportunidad de apoyar a tus hijos y, en última instancia, aumentar su éxito y su responsabilidad al crear planes que funcionen en la vida real.

Di no al Juego de la Vergüenza y la Culpa

No queremos que nuestros hijos se sientan mal consigo mismos, pero nos desesperamos por que asuman la responsabilidad de sus acciones, o para que sean agradecidos por todo lo que hacemos por ellos. Entonces empezamos a señalar con el dedo, aunque no sea nuestra intención culparlos o avergonzarlos.

Mientras tanto, nuestros hijos no quieren mentir ni decepcionarnos, pero, a medida que comienzan a sentirse «traviesos» por comportamientos que en realidad son neurológicos, desarrollan sentimientos de vergüenza e incomodidad. Es un círculo vicioso.

La actitud defensiva y la ofensiva abundan en igual medida en los hogares de niños complejos. Los niños de todas las edades quieren ser vistos como «buenos», pero, mientras luchan por conseguirlo, a menudo acaban viéndose a sí mismos como «malos». Se tornan agresivos (a veces incluso abusivos) o se ponen a la defensiva y evitan asumir responsabilidades. Sus reacciones incrementan tus preocupaciones más profundas y te ves atrapada en el bucle del Juego de la Vergüenza y la Culpa.

> Queremos que nuestros hijos vean que no son malos, sino que simplemente tienen dificultades y que podemos ayudarles a superarlas.

Este es uno de los escenarios más comunes que encuentro en mi práctica (independientemente de la edad y el diagnóstico de los niños).

Por ejemplo, puede ser difícil de aceptar que los niños no evitan tareas solo para ser groseros, difíciles o irrespetuosos. En realidad, estos comportamientos no tienen nada que ver con su aprecio y su respeto hacia nosotros. Si no poseen un mecanismo que los lleve a ponerse en acción, pueden sentirse avergonzados. Ciertamente, no necesitan que les recordemos las cosas, y mucho menos haciéndoles sentirse mal.

Incluso los mejores padres pueden tener algunos patrones poco saludables que podrían ser mejorados y formas de comunicación que podrían brindar mayor apoyo. Para cambiar los patrones de comunicación oposicionistas, incluso con niños mayores:

1. Observa cuándo la vergüenza y la culpa se cuelan en tus palabras, tu tono de voz o tus suposiciones y trata de pararlas en seco. Es más que probable que estén interfiriendo con tu capacidad para construir y mantener una relación de confianza y con la capacidad de tu hijo para asumir responsabilidades.

2. Si te sientes abochornada o preocupada por lo que otros podrían pensar de ti o de tu hijo, piensa que esos son también sentimientos de vergüenza. Busca apoyo (de un coach, un terapeuta o un amigo) para establecer expectativas apropiadas basadas en lo que tu hijo necesita, no en lo que otros piensan, para que puedas empoderarlo para que alcance su máximo potencial.

3. Si leer esto te provoca culpa o vergüenza, relee el capítulo 2, especialmente los apartados «Hasta ahora» y «Bajar el palo». Busca apoyo y esfuérzate en gestionar tus propios detonadores, a fin de que puedas estar totalmente presente para tus hijos.

4. Si tu hijo tiende a ponerse extremadamente a la defensiva o miente mucho (un tipo de deshonestidad defensiva), lo más probable es que tenga muchos sentimientos de vergüenza que no pueden procesar, o que sienta que los estás culpando, aunque no lo hagas de manera consciente. Usa un lenguaje práctico y sin prejuicios para eliminar el sentimiento de vergüenza que tu hijo está absorbiendo.

Conclusión: Queremos responsabilizar a nuestros hijos por sus comportamientos sin hacerles sentir que están en bancarrota moral. Queremos distinguir entre un mal comportamiento y un chico malo. Y queremos ayudar a nuestros hijos a ver que no son malos, sino que están luchando y que podemos brindarles ayuda.

Di sí a una perspectiva de discapacidad

«Lo importante es ver y fomentar el potencial.»

Amigos para siempre, película de 2017

Si tu hijo estuviera en una silla de ruedas, no lo pondrías ante un tramo de escaleras y le dirías que corriera hasta lo alto. Sabrías que para que llegara a la cima necesitaría tiempo y esfuerzo, quizás ayudándose con los brazos o utilizando un sistema de elevación. Su logro al llegar a la cima sería encomiable por las dificultades que supondría y seguramente lo celebrarías de todo corazón. Del mismo modo, cuando un niño tiene ansiedad, animarse a hablar con un maestro o pasar la noche en casa de un amigo serían pasos enormes para él. En lugar de decirle que no tiene nada de qué preocuparse, podrías reconocer sus preocupaciones y ayudarle a idear un plan para lograr sus objetivos con tu apoyo.

Algunos niños tienen razones médicas que les impiden usar partes de su cuerpo. Nuestros niños complejos tienen razones médicas que retrasan el desarrollo de habilidades esenciales relacionadas con las funciones ejecutivas. Quiero animarte a aplicar una perspectiva de discapacidad para el desarrollo emocional, social y organizacional de tu hijo.

Muchos padres se resisten a la idea de que sus hijos tienen una discapacidad, como me ocurrió a mí durante muchos años. No quería que fuera verdad. Quería que fuera un chico «normal» o «típico». Quería que encajara. Quería que las cosas fueran fáciles para él y para mí.

Los padres me dicen que no quieren «etiquetar» las dificultades de sus hijos porque no quieren que la etiqueta se convierta en una muleta. Quieren que su niño aprenda a navegar por la vida, por lo que no quieren darle excusas. Pero cuando un niño necesita muletas, necesita muletas. Esperamos algo diferente de él en cuestiones específicas durante un tiempo, y lo apoyamos en lo que necesita, por lo general no por mucho tiempo. Pero, si no se le quita el peso de la pierna rota puede que no sane bien y entonces necesitará las muletas siempre.

La perspectiva de la discapacidad reconoce que hay una razón por la que nuestros hijos todavía no pueden hacer lo que se les pide. Si no aligeramos la carga mientras los cerebros de nuestros hijos se están poniendo al día, es posible que nunca adquieran las habilidades que necesitan para aprender.

Las dificultades de los niños se presentan en todos los aspectos de la vida y el aprendizaje: manejo de las emociones, organización, procrastinación, seguir instrucciones, ir a un restaurante y similares. Es posible que necesiten recordatorios para comenzar con su tarea, o ayuda para organizar su mochila. En lugar de pedirles que limpien su habitación, puedes comenzar centrándote en un estante o cajón. Con tu apoyo y con tiempo, llegarán a hacerlo. Pero cuando los niños son menos maduros que sus compañeros de la misma edad, o no poseen la misma capacidad de autocontrol, debemos asegurarnos de no estar diciéndoles que salten de la silla de ruedas y suban corriendo las escaleras.

Como madre o padre, esta perspectiva te permite defender y educar a tu hijo según sus capacidades actuales.

¿Qué puedes hacer para ayudar?

- Olvidarte de cómo te ven los demás como padre o madre, y concentrarte en tu hijo.
- Dejar de comparar constantemente a tu hijo con sus compañeros de la misma edad, y establecer expectativas realistas basadas en su etapa de desarrollo.
- Apuntar conscientemente, decidiendo de forma deliberada qué es apropiado dejar ir (por ahora).
- Requerir la implementación de adaptaciones y modificaciones en la escuela que estimulen el desarrollo de tu hijo.
- Mejorar la comunicación, dejando claro al niño lo que esperas de él, para que pueda responder con éxito.

Ayudamos más a los niños complejos cuando los reconocemos, abrazamos y aceptamos por lo que son, por su propia humanidad, y cuando les enseñamos a hacer lo mismo.

Son niños, adolescentes y adultos jóvenes que luchan por cumplir con las exigencias del mundo, las expectativas en la vida y el aprendizaje. Cuando nos despojamos de nociones obsoletas de perfeccionismo que, sin que lo sepamos, dejan a los niños sintiéndose inútiles y fracasados, los empoderamos para que se acepten y se comprendan a sí mismos.

Cualquiera que sea el desafío, la perspectiva de la discapacidad ofrece la oportunidad de cambiar nuestras expectativas, enfatizando lo que los niños pueden hacer a efectos de que podamos ayudarles a aprender a tener éxito según su nivel de desarrollo, una habilidad cada vez.

Conversaciones internas: responder en lugar de reaccionar

¿Recuerdas la escena de la cena familiar en la película *Del revés* (*Inside Out*) de 2015? Cuando la conversación se vuelve incómoda y las emociones se alborotan, la hija, que está tratando de mantener la compostura, finalmente golpea la mesa con las manos con frustración, gritando «¡Solo cállate!». A pesar de que no lo está pidiendo con calma, está intentando tener un respiro para recuperar su cerebro. En lugar de darle espacio y dejar que las cosas se tranquilicen, el papá le grita: «¡Basta ya, vete a tu habitación!».

Es considerada una de las mejores escenas de esa inspiradora película, probablemente porque refleja una dinámica familiar que la mayoría de nosotros reconocemos. Todos, padres e hijos, reaccionamos cuando se pone en marcha, intensificando la situación (con lágrimas, furia, amenazas vacías, castigos severos o incluso algún agujero en la pared). Pero ayudar a los niños a manejar su reactividad comienza con aprender a manejar la nuestra.

Reconocer la necesidad de calmarse es una respuesta saludable, cualquiera que sea la situación. El padre de la película *Del revés* no se dio cuenta de que su hija estaba tratando de controlar emociones difíciles. Como resultado, su reactividad impidió que las cosas se calmaran y que su hija pudiera responder de manera diferente.

> No puedes controlar lo que sucede. Solo puedes controlar cómo respondes a lo que sucede.

No puedes controlar lo que sucede; solo puedes controlar cómo *respondes* a lo que sucede. Cuando entras en conversación contigo mismo, puedes empezar a controlar tu propia reactividad.

APRENDE A RESPONDER SIN REACCIONAR

¿Cuáles son tus detonadores clave? Identifica lo que logra provocarte a pesar de tus buenas intenciones ¿Qué es lo que realmente desencadena tu irritación? ¿Que te metan prisa, llegar tarde, que los niños hablen o respondan de forma grosera, que te falten el respeto, o ver sus calificaciones en línea?

¿Qué pensamientos o sentimientos están detrás de los detonadores? Un padre o una madre pueden sentir preocupación, culpa y frustración al comprobar las calificaciones que han obtenido sus hijos. Piensan: «Probablemente todavía le falta entregar 17 trabajos; será terrible y yo seré el culpable por no estarle más encima». Un padre al que no le gusta llegar tarde podría pensar: «La maestra creerá que no me importa y no querrá ayudar». Un padre que desea que su hijo aprenda de él podría pensar: «Mi hijo no me respeta en absoluto y no le importa lo que yo pienso».

¿Cuál sería un pensamiento más positivo? Estas historias que nos contamos pueden tener una pizca de verdad; tal vez realmente lo has hecho mal, tal vez el maestro te juzgará o quizás tu niño no te respeta. Pero estas situaciones se ven desproporcionadas y distorsionadas por nuestros saboteadores (ver el capítulo 5). Por lo tanto, elige un mensaje útil y positivo que te ayude a calmarte. Es muy posible que lo estés haciendo lo mejor que puedes, que el maestro entienda que lo estás intentando. Puede que tu hijo te tenga un inmenso respeto, pero que no pueda expresarlo cuando está molesto.

Una vez que comiences a controlar tu reactividad, podrás ayudar a tus hijos a hacer lo mismo. Aunque no es realista esperar que consigan evitar reaccionar, sí es posible reducir la intensidad y la frecuencia. Cuando oyes a un adolescente gritar algo como «Lo siento, estoy gritando en este momento, estoy realmente frustrado y no sé por qué», has hecho bien tu trabajo.

Trabajar juntos sobre los factores detonadores, como familia, también es bastante efectivo. Si se considera que todos pueden perder los estribos ocasionalmente, y si los miembros de la familia se apoyan unos a otros para controlar las cosas cuando eso sucede, se convierte en un acuerdo. Imagina a tu hija diciendo: «Estoy enfadada. Dame cinco minutos y hablamos». Comprender los factores detonadores ayuda a las personas a saber cuándo necesitan un descanso y cómo responder sin tanta reactividad. Según el doctor Russell Barkley, los adultos con TDAH tienen más probabilidades de perder el trabajo por descontrolarse que por no entregar un proyecto a tiempo. Responder en lugar de reaccionar es una habilidad esencial en la vida, uno de los mejores regalos que podemos darnos a nosotros mismos, a nuestros hijos y a las relaciones que más nos importan.

Preguntas para el autodescubrimiento

- ¿Cuándo sueles caer en la trampa del «¿Por qué no puedes simplemente...?»
- ¿Qué notas que cambia cuando te preguntas «¿Es travieso o es algo neurológico?»
- ¿Qué despierta tu curiosidad?
- ¿De qué culpa o vergüenza estás dispuesta a deshacerte?
- ¿Qué comportamiento(s) podría(n) beneficiarse si adoptas la perspectiva de la discapacidad?
- ¿Cuáles de tus reacciones puedes cambiar y transformar en respuestas?

LA HISTORIA DE HENRY

«Sé que mi hijo no tiene uno de esos "botones" de los que hablas, pero no sé qué más hacer», me escribió Henry. «Le digo que haga algo, él dice que lo hará y luego no lo hace. Y simplemente no sé cómo conseguir que lo haga. No quiero pasar el resto de mi vida cuidándolo. Estaba planeando retirarme, pero ahora me parece que nunca podré hacerlo». Henry había comenzado el programa de sanityschool.com, por lo que pudo comprender que su hijo Jackson tenía dificultades en su función ejecutiva y que no lo estaba haciendo a propósito. No obstante, temía que Jackson nunca se independizara porque no seguía las instrucciones. Al hablar con Jackson sobre lo que era importante para él y ayudarle a entender sus motivaciones, Henry cambió su enfoque. Dejó de ladrar órdenes y comenzó a animar a Jackson a hacerse cargo, gradualmente, de sus acciones.

El problema: «Sé que mi hijo no tiene uno de esos "botones" de los que hablas, pero no sé qué más hacer. Le digo que haga algo, él dice que lo hará y luego no lo hace».

7

«Mi hijo sencillamente no está motivado»

Cómo lograr que tus hijos.......
(completa el espacio en blanco)

«La manera más efectiva de mostrar compasión es escuchar en lugar de hablar.»

Thich Nhat Hanh

Los niños no tienen un botón de «¡Hazlo!»

A algunas personas les motiva tener una lista de lo que hay que hacer. Incluso son capaces de escribir algo que hayan hecho solo por el gusto de hacerlo. Disfrutan del sentimiento de logro, de finalización, y están ansiosas por hacer lo que se espera de ellas, ya sea porque alguien se lo pide o porque quieren hacerlo por sí mismas. Un sentimiento de obligación, o de expectativa, son suficientes para ponerles en movimiento y asegurarse de que se hagan las cosas.

Lo más probable es que esto no describa a tu hijo (y posiblemente tampoco a ti).

Por lo general, a nuestros hijos no les motiva tachar cosas de una lista, hacer lo que se espera de ellos o lo que pensamos que es bueno para ellos. Al llegar a la pubertad, tampoco están lo suficientemente motivados como para hacernos felices. Incluso cuando acceden a hacer algo que queremos, puede que no sea suficiente estímulo para que lo lleven a cabo. Sus cerebros necesitan otra manera de activarse.

En otras palabras, las personas que luchan con la función ejecutiva normalmente no tienen algo así como un botón de «¡Hazlo!».

Algunas personas pueden simplemente ponerse a trabajar y hacer las cosas porque sus cerebros están configurados para que eso suceda. Las sustancias químicas de su cerebro se dispararán y recibirán la información de forma apropiada cuando se les ordene. Si eres una de esas personas, puede que te sea difícil comprender que para otros puede no ser tan sencillo. Cuando te enfrentas a algo que no quieres hacer, basta con presionar un botón imaginario que tienes, que dice «solo hazlo», para que hagas las cosas.

LA CIENCIA DEL CEREBRO, SIMPLIFICADA

El cerebro envía mensajes por medio de reacciones químicas que nos ayudan a pensar, sentir o actuar. Los neurotransmisores, sustancias químicas que transmiten señales a través de las neuronas, al liberarse permiten que partes del cerebro se comuniquen entre sí. Debido a la reducción de los niveles de transmisores como la dopamina, la serotonina o la norepinefrina, los niños con ansiedad, depresión, ADHD o trastornos de la función ejecutiva no siempre tienen la química cerebral necesaria para hacer que algo suceda sin ayuda externa.

Cuando tienes un cerebro complejo, conectado de manera diferente, una función ejecutiva ineficiente o retrasada hace que parezca que tu botón de «hazlo» esté rodeado de alambre de púas. No tiene los controles internos necesarios para recordar lo que quieres o no quieres hacer y cuándo, por lo que tu capacidad de autorregulación se ve afectada.

Si no estás genuinamente interesada o comprometida (y, a veces, incluso cuando lo estás), es extremadamente difícil iniciar, mantener o completar cualquier acción. Es como caminar por los campos de amapolas en *El Mago de Oz*. Al principio es emocionante y parece bastante fácil y te dispones a cruzar el campo con la mejor de las intenciones. Pero muy pronto estás sucumbiendo a los efectos soporíferos de las amapolas y, antes de que te des cuenta, has perdido de vista la tarea y tienes un deseo irrefrenable de echarte una siesta.

No es que seas perezosa o irresponsable. Es que tu cerebro solo puede luchar contra el influjo de esas amapolas durante un cierto tiempo, a menos que cuentes con apoyo externo. Para mantener el rumbo, es preciso que comprendas lo que está sucediendo en tu cerebro, tener claro tu propósito y contar con algunas estructuras establecidas para lograr que las cosas sucedan. A medida que aprendes a controlar el poder de tu cerebro para activarlo, comenzarás a ser capaz de hacer las cosas.

Perspectiva de coach: Explorar la función ejecutiva (Activar el cerebro)

La función ejecutiva (FE) es un término que los padres escuchamos mucho y sentimos que se supone que debemos entender. Pero, para ser honesta, la mayoría de nosotros no tenemos ni idea. ¡Lo sé bien, porque me ha pasado durante años! Es por eso que el primer libro electrónico que Diane y yo escribimos en 2012 se tituló *What the Heck is Executive Function and Why Should You Care?*[5].

Entonces, déjame que lo haga súper simple. Hay básicamente dos partes principales del cerebro involucradas en hacer cualquier cosa: el cerebro primitivo (cerebro posterior) y el lóbulo frontal (corteza prefrontal).

El cerebro primitivo nos mantiene vivos, liberando adrenalina (hormona del «estrés») y diciéndonos que nos congelemos, peleemos o huyamos ante una situación de peligro. Las personas con un lóbulo frontal perezoso pueden depositar demasiada confianza en el cerebro primitivo, por ejemplo esperando hasta el último minuto para que el sentido de la urgencia obligue al cerebro primitivo a actuar.

---

5. ¿Qué diablos es la función ejecutiva y por qué debería importarte? (N. del T.)

El lóbulo frontal del cerebro es donde residen las funciones ejecutivas. Organiza, administra el tiempo y nos dice qué pensar, sentir y hacer (o no hacer), permitiéndonos decidir hacer algo y seguir haciéndolo hasta finalizarlo. Muchos niños complejos presentan un retraso en el desarrollo de esta parte del cerebro.

FE es un término paraguas, que abarca las habilidades relacionadas con la organización y la autogestión que dirigen casi todos los pensamientos, sentimientos o acciones. Si piensas en el lóbulo frontal como el director de orquesta del cerebro, los músicos que conforman la orquesta son las diferentes funciones ejecutivas. Basta con que un solo músico esté fuera de sintonía para que la función cerebral sea discordante.

El doctor Thomas Brown, autor de *Trastorno por déficit de atención*[6] y *Smart but Stuck*, identificó seis aspectos del comportamiento que las personas con problemas de la FE tendrán dificultad en manejar. Tu hijo puede tener problemas en un área o en las seis. Debido a que hacer cualquier cosa depende de la activación del cerebro, comprender los seis aspectos de la FE es esencial para la planificación proactiva. A medida que comprendas mejor cómo se manifiestan las distintas dificultades, podrás desarrollar estrategias para mejorar la autorregulación en tus hijos.

Según Sheryl Pruitt, autora de *Domar el tigre*, las dificultades de la FE se manifiestan en más de cien trastornos infantiles, incluyendo:

- Trastornos mentales tales como TDAH, ansiedad, autismo, síndrome de Tourette y depresión.

---

6. Thomas E. Brown (2009), *Trastornos por déficit de atención* (trad. del inglés), Elsevier-Masson.

- Enfermedades metabólicas como fenilcetonuria (PKU), enfermedad celíaca, enfermedad de Addison y alergias.
- Discapacidades del aprendizaje y otras dificultades de los niños dos veces excepcionales (2E).
- Trastornos relacionados con el estrés, como el trastorno del apego, el trauma y el TEPT.

Con relación a los niños complejos, no se trata de si necesitas activar el cerebro, sino de cómo. Emplear diversas combinaciones de ejercicio, nutrición, sueño, medicación, meditación, coaching o motivación; comprender los problemas de la FE, y comprometer al lóbulo frontal de forma consciente mejorará la capacidad del niño para autorregularse.

LAS SEIS ÁREAS DE LA FUNCIÓN EJECUTIVA (FE)

Gestión de tareas (Activación): organizar, priorizar e iniciar actividades. Cómo se ve: tiene dificultades para ponerse en marcha; posterga; sabe lo que necesita hacerse pero no puede hacerlo; experimenta dificultades en la priorización y la secuenciación; falla en la gestión del tiempo, y hace las cosas a última hora. Al ojo inexperto, se ve como un niño «perezoso».

Manejo de la atención (Foco): Enfocar, sostener y desviar la atención en las tareas. Cómo se ve: Se «aburre» fácilmente; requiere «interés genuino» para mantenerse centrado; está distraído; tiene dificultad para discernir en qué es importante concentrarse; está hiperenfocado; no puede parar (algo común en los videojuegos), y no puede sacar adelante una tarea.

Gestión de la energía y el esfuerzo (Esfuerzo): Permanecer alerta, realizar esfuerzos sostenidos; velocidad de procesamiento. Cómo se ve: Se cansa rápidamente cuando se le pide que permanezca sentado y en silencio; tiene dificultad para permanecer alerta; necesita estimulación constante o retroalimentación (física o mental) para hacerlo; procesa con lentitud, y tarda mucho en leer y/o escribir. Con hiperactividad: dificultad en reducir la velocidad para asegurar la calidad de un trabajo y problemas para regular el motor del cuerpo.

Gestión de las emociones: Manejar la frustración y modular las emociones. Cómo se ve: Umbral de frustración bajo (mecha corta); impaciencia; dificultades en regular las emociones; hipersensibilidad; responde «inapropiadamente»; toma las cosas de forma personal, y es fácilmente desbordado por las emociones.

Gestión de la información (Memoria): Utilizar la memoria de trabajo y acceder a los recuerdos. Cómo se ve: Tiene problemas para «retener» una información mientras está trabajando con otra; dificultades con los problemas matemáticos complejos y/o la escritura; olvida los sentimientos de amor y conexión cuando está molesto, y es olvidadizo.

Gestión de la acción: Realizar acciones de seguimiento y autorregulación. Como se ve: Hiperactivo; impulsivo; le es difícil decidir cuándo actuar y cuándo no; hace comentarios o bromas inapropiados; se enfrenta con amigos o familiares en momentos inoportunos; interrumpe o grita en clase; tiene problemas para seguir una conversación, y muestra «aleatoriedad».

Estrategia: Comprender y utilizar la motivación

Lo que parece: «A este niño no le motiva nada. Solo hace lo que quiere hacer.» Cuando preguntas qué lo motiva, obtienes respuestas como: «No lo sé» o «Lo que sea». Es exasperante.

Lo que realmente sucede: El cerebro de tu hijo está buscando estímulos para ponerse en marcha, y solo se activa «naturalmente» ante cosas que encuentra atractivas. Activar el cerebro es algo que puede hacerse con medicamentos, ejercicios y una serie de otras estructuras, pero debe aplicarse de forma consciente.

Existen cinco motivadores potenciales que funcionan como un amuleto secreto para la activación. Enseña a tus hijos a identificar *cuál* de ellos funciona mejor para cada uno, porque la mayoría de las personas no se motivan fácilmente con los cinco.

MOTIVACIÓN = C.H.U.N.I. (Competición, Humor, Urgencia, Novedad e Interés)

Competición. Añadida a otros motivadores, la competencia puede proporcionar interés, urgencia, novedad y humor. La competición suele ofrecer la posibilidad de una recompensa y, a menudo, emplea las fortalezas de una persona. Sin embargo, no funciona para todo el mundo. Los que luchan contra la ansiedad pueden sentirse más estresados que motivados al tener que competir con ellos mismos o con otros.

Humor. A los seres humanos nos motivan, de forma natural, las cosas que son divertidas, placenteras o agradables. En consecuencia, el juego, la creatividad y el humor son instigadores efectivos para la acción. Para ayudar a un niño a hacer algo, conviértelo en un juego, haz una broma o deja que se vuelva creativo. Cuando sea posible, vincúlalo con otros motivadores, como el interés, la novedad y la competición.

Urgencia. Las personas que esperan hasta el último minuto para conseguir algo, ya sea empezar la tarea o prepararse para salir de casa, utilizan la urgencia como motivador. Debido a que el lóbulo frontal no se estimula adecuadamente, hacer las cosas a último minuto supone el uso de una parte diferente del cerebro: el cerebro primitivo, proporcionando un incentivo químico a la acción. Cuando no se usa en exceso, fijar plazos puede ser extremadamente útil para activar el cerebro.

Novedad. A los cerebros complejos les gusta el cambio y la innovación. Las rutinas funcionan de forma temporaria, pero cuando ya no son novedosas se vuelven aburridas. La novedad es un probable motivador para los estudiantes que comienzan un año escolar con nuevos maestros, compañeros de clase y horarios, pero su fuerza disminuye con el tiempo. Dado que lo nuevo resulta interesante, es importante que estés dispuesta a cambiar los sistemas según sea necesario.

Interés. Dado que los cerebros complejos buscan estímulos, algo «aburrido» es como la kriptonita, mientras que algo «interesante» pone el motor en marcha. Encuentra algo atractivo para conseguir que haga las cosas. Los estudiantes a los que les va bien y que cuentan con profesores comprometidos, o que cursan materias que encuentran interesantes, tienden a estar motivados por el interés.

Para guiar a los niños a comprender y usar la motivación de forma efectiva, pregúntales lo que les gusta acerca de sus actividades favoritas.

- A un niño le gustaba el Minecraft porque es un juego creativo (humor), no competitivo, que podía jugar con un amigo.
- A otro niño le encantaban los juegos (competición) y le fascina la estrategia (interés).
- A una estudiante con dislexia, ansiedad y TDAH le encantaban las matemáticas; su maestra incluyó sudokus en las clases (humor) como recompensa por completar la tarea de escritura.

- Un estudiante estaba motivado por la celebración y el reconocimiento (humor) y las nuevas actividades (novedad). Su maestro celebró lo que ya había completado antes de señalar lo que le quedaba por hacer.
- Un estudiante motivado por la risa (humor), la energía producida por la excitación (urgencia) y la conexión con su padre (interés) se levantaba de buen humor por la mañana cuando su padre le hacía cosquillas para despertarlo o invitaba al perro a que saltara sobre la cama.

Acéptalo: tu hijo necesita motivación para actuar. Aprende con él o ella a deletrear palabras o memorizar datos matemáticos mientras haces rebotar una pelota de baloncesto; o permite que hagan ejercicios de ortografía usando bolígrafos multicolores. ¡Haz que cualquier cosa se convierta en un juego! Incluso podrías dejarlo hacer algo divertido antes de que realice una tarea, por ejemplo leer una página de historietas antes de sacar la basura. Si le ayuda a empezar, ¡descubrirás que incluso podría motivarte a ti!

Di no al catastrofismo

¿Has notado preguntas como estas sucediéndose en tu cabeza?

«¿Y si no le va bien en la escuela?»

«¿Y si nunca logra hacer amigos?»

«¿Y si no consigue manejar una relación?»

«¿Y si todavía sigue viviendo en mi sótano al cumplir 35 años?»

«¿Y si termina siendo un adicto o en la cárcel?»

«¿Y si acaba viviendo una existencia solitaria?»

«¿Y si no puede mantener un trabajo?»

Si es así, no es de extrañar que te sientas abrumada. Las preguntas que comienzan con «¿Y si...?» pueden dominar nuestra lista de tareas pendientes durante el día y hacer que nos despertemos en medio de la noche. Cuando no vemos con claridad cómo ayudar a nuestros hijos, caemos en el catastrofismo. Tememos siempre lo peor, viviendo en medio de una distopía futurista.

Pero cuando entramos en pánico al pensar que nuestro hijo de 12 años vivirá en miseria a los 24 porque no recoge los chips de patata después de ver una película, puede ser paralizante. Nos roba la alegría de ser padres, nos impide guiar serenamente a nuestros hijos e interfiere con nuestras relaciones.

No digo que no tengas nada de qué «preocuparte»; criar a cualquier niño es enervante. Pero debemos mantener las cosas en perspectiva y evitar la tentación de sacar conclusiones precipitadas. El que no haya podido completar la tarea de hoy no significa que nunca aprenderá. Cuando entramos en pánico ante cada fallo o siempre tememos lo peor, nos privamos a nosotros mismos —y, más importante aún, a nuestros hijos—, de la oportunidad de aprender, mejorar y, en última instancia, experimentar un sentimiento de logro y éxito.

En lugar de temer los próximos veinte años, piensa en tres años atrás. Observa las mejoras en el manejo de la frustración, en recordar la tarea o en controlar la impulsividad. Tómate un momento para apreciar todos los éxitos que ha disfrutado y los recuerdos positivos que ha creado. No tienen que ser logros monumentales para ser dignos de reconocimiento; las pequeñas victorias son las que vale la pena celebrar.

Ahora, piensa en los próximos tres años, luego en los tres siguientes. ¿En qué punto es probable que tu hijo esté a los 27? ¿Mantendrá su trayectoria actual e incluso la acelerará, porque te tiene a ti? Mira los pequeños pasos que puedes dar esta semana y este año. Céntrate en los pequeños resultados. Así es como

Es hora de manejar tus propios miedos, porque no te están ayudando ni están ayudando a tu hijo.

verás el progreso, y así es como serás capaz de empezar a vivir más en el presente con tus hijos. Los pensamientos y miedos catastróficos te desviarán de lo que realmente necesita tu atención. En el capítulo 9 seguiremos hablando sobre los retrasos en el desarrollo y cómo establecer expectativas realistas. Por ahora, busca oportunidades para estar presente, para avanzar lenta y constantemente de hoy a mañana, manteniéndote enfocada en entender su cerebro y qué es lo que lo motiva. Tómate el tiempo para entender lo que necesitas para sentirte tranquila y cuidar de ti misma. Es hora de manejar tus propios miedos, porque no te están ayudando ni están ayudando a tu hijo.

Di sí a ser dueño de ti mismo como la mejor recompensa

¿Alguna vez has tratado de ponerte en forma sin recompensar tus esfuerzos durante el proceso? No funciona, ¿verdad? No esperes hasta que puedas correr un maratón para recompensarte a ti misma. En lugar de ello, te premias por ir al gimnasio todos los días durante una semana, o por correr un kilómetro sin parar, o por decir «no» a un postre delicioso.

Existen investigaciones sólidas que vinculan los sistemas de recompensa (como las economías de fichas o gráficos de estrellas) para mejorar los resultados de los niños complejos. De hecho, las recompensas son probablemente las técnicas de manejo del comportamiento más comunes sugeridas por psicólogos, médicos y otros profesionales. Cuando se usan bien, las recompensas son una herramienta eficaz para motivar *a cualquier persona* para que logre hacer algo que desea. Pero, como dice Ross Greene: «Las pegatinas no ayudan a nadie a resolver ningún problema o mejorar sus habilidades». La responsabilidad y la dedicación son fundamentales para el éxito.

Las recompensas se centran en la positividad; son una forma de poner el foco en los momentos en los que los niños son «buenos» en lugar de centrarse en cuando son «malos». Las recompensas fomentan el buen comportamiento de todos:

- Los niños complejos tienden a responder más favorablemente a la zanahoria que al palo. Esto puede deberse a que son redirigidos con más frecuencia y suelen estar equivocados en más ocasiones, por lo que recompensarlos por comportarse bien tiene aún más impacto.
- Los padres y maestros responden positivamente a las recompensas porque es mucho más divertido que gritar o castigar. Esto puede hacer una diferencia poderosa para la autoestima de un niño.

Pero, a pesar de lo efectivas que pueden ser las recompensas, en realidad no siempre funcionan de la manera en que lo hacen en teoría. Muy a menudo, después de implementar un sistema de recompensas, los padres o maestros de niños complejos se sienten decepcionados porque no es la varita mágica que esperaban. Se quejan de que su hijo puede alcanzar una meta pero no crear un hábito; una vez logrado el objetivo, vuelve al viejo comportamiento. Esto ocurre porque las recompensas no funcionan bien en el vacío. ¡Tienen que tener tanto sentido para nuestros hijos como para nosotros!

Las recompensas no funcionan si…

Los niños tienen miedo. Miedo al fracaso o al éxito (sí, el miedo al éxito es real): «Si lo hago bien, ¡mis padres esperarán más de mí!». La ansiedad puede superar el efecto de una estrella dorada.

No es lo suficientemente importante para ellos. Cuando falta autonomía y aceptación (ver el capítulo 10), a los niños no les importa lo suficiente una recompensa porque no han hecho suyos los objetivos o procesos deseados.

Las recompensas funcionan cuando…

Alguien quiere algo y está dispuesto a trabajar para lograrlo. Tú puedes otorgarle a un niño diez estrellas por atarse los zapatos, pero, si no está preparado para aprender a atarse los cordones, nunca las alcanzará.

Alguien quiere lograr un cambio duradero. Un adolescente que desea poder conducir un automóvil pondrá más esfuerzo en obtener una licencia de conductor que un adolescente que tiene miedo de conducir o que no está interesado en salir en coche con los amigos.

Las motivaciones están conectadas con recompensas positivas. Puede mejorar la disposición de alguien para trabajar en pos de una meta.

No es preciso que las recompensas sean grandes, ni tienen por qué costar dinero. Cuando la hija de Diane tenía nueve años, por ejemplo, estaba genuinamente motivada para elegir la emisora de radio que quería escuchar camino de la escuela. Pero es *esencial* incluir a la niña en la conversación y en la decisión al establecer recompensas. No solo quieres que haga suya la meta que establezcas, sino que participe en la decisión de cuál será la recompensa por conseguirla.

Puedes empoderar a tu hija para que haga grandes cambios un paso cada vez, con un sistema de recompensas efectivo en el que tu hija esté interesada. Y pasarás de sentirte la mala de la película a sentirse como la madre superestrella que eres.

Conversaciones internas: Descubre qué te nutre

Cuando era una mamá primeriza, participé en una fiesta premamá y dejé a mi bebé en casa con David. Al salir de la fiesta lo llamé, y descubrí que no tenía necesidad de regresar a casa de inmediato. «Ve a pasarlo bien», me dijo mi esposo. «Tómate un descanso».

No sabía qué hacer conmigo misma, así que terminé caminando por la última planta de un centro comercial y llorando. No me sentía exactamente triste; en realidad me sentía perdida. No sabía qué quería hacer con mi tiempo libre. Había perdido la noción de lo que significaba pasarlo bien.

Cuando Diane y yo lanzamos ImpactParents.com, en nuestro sitio web formulábamos una pregunta: «¿Qué necesitas hoy?» Es una pregunta que la mayoría de nosotros no nos hacemos con suficiente frecuencia.

En cambio, nos enfocamos en las necesidades de quienes nos rodean, sin pensar demasiado en las nuestras. Por eso, quiero ayudarte a que sepas lo que es el cuidado personal para ti, lo que realmente significa. Piensa en qué tipo de cosas, grandes o pequeñas, hacen te sientas bien. ¿Qué te nutre? ¿Qué pone combustible en tu tanque? ¿Qué te estimula? Tal vez sea:

- Tener una cita con tu pareja o tus amigos.
- Unirte a un equipo de voleibol.
- Hacerte la manicura.
- Leer un buen libro.
- Repetir afirmaciones, o tomarte un minuto para meditar.
- Hacer una pausa para respirar o mover tu cuerpo cada día.

- Hacer *trekking*.
- Cantar o escuchar música (tal vez a alto volumen).
- La risa de tus hijos.
- Pasear a tu perro.
- Sumergirte en la bañera.
- Las puestas de sol.
- Beber una copa de vino o una taza de té.
- Hacer bromas.
- Pintar.
- Armar rompecabezas.
- Ver una película que te produzca placer culposo.
- Un delicioso chocolate amargo.

No importa lo que pongas en la lista, solo que empieces a crear una para ti misma. No estoy sugiriendo que planifiques tu tiempo para hacer alguna de estas cosas, todavía. Por ahora, empieza por conocerte a ti misma de nuevo. Puedes implementarlo más tarde.

Si no estás segura de por dónde empezar, piensa en lo que disfrutabas antes de tener hijos. ¿Qué cosas valoras que te han sido difíciles de priorizar en los últimos años? Un padre con el que trabajé, por ejemplo, se dio cuenta de que le encantaba participar en las actividades de la iglesia y que había perdido esa conexión a partir de que tuvo hijos. Su decisión de volver a ir a la iglesia por su cuenta tuvo un impacto positivo en toda su familia.

> Tenemos que aprender a dar sin abandonarnos a nosotros mismos.

Para muchos de nosotros, comprometernos a cuidar de nosotros mismos es un desafío. Podemos sentir culpa o vergüenza, como si fuera una pérdida de tiempo, o pensar que deberíamos poner cada gramo extra de energía en nuestros niños. Puesto que tienen «problemas» y nos necesitan tanto, es fácil descuidarnos; y la mayoría lo hacemos.

Tenemos que aprender a dar sin abandonarnos a nosotros mismos. Cuando sabes claramente lo que quieres, es más fácil gradualmente encontrar, el tiempo para hacerlo. Todo empieza cuando tienes claro qué deseas y luego cuando te das permiso. Entonces puedes reservar un tiempo para ti, porque se vuelve algo natural. Tener tus propios deseos será un regalo para tu familia.

Cuando te preguntes qué deseas o necesitas hoy, quiero que seas capaz de responderte. Comienza contestando a una sencilla pregunta: ¿qué te nutre?

Preguntas para el autodescubrimiento

- ¿Por qué los niños no tienen un botón de «simplemente hazlo»?
- ¿Cuáles son las mayores dificultades relacionadas con las funciones ejecutivas en tu hogar?
- ¿Qué motivadores son los mejores para cada miembro de tu familia?
- ¿Qué pensamientos catastróficos sueles tener?
- ¿Cuál es la conexión entre ser dueño de uno mismo y la recompensa?
- ¿Qué hay en tu lista para alimentar tu mente, tu cuerpo o tu alma?

LA HISTORIA DE TAMMY

Tammy estaba pasando por unas semanas difíciles. La ansiedad de su hija había ido en aumento tras un cambio en la medicación para el TDAH y los trastornos parecían ir en aumento. Se sentía ahogada al hablarme de sus preocupaciones por el futuro de su hija y su dificultad para controlar sus propios miedos a fin de no abrumar aún más a su hija. «Nunca tuve un buen modelo para la crianza de los hijos», explicó. «Si no contara con tu apoyo, realmente no sabría qué decirle, o cómo decírselo. No quiero que mi hija crezca pensando en sí misma de la misma manera que hice yo. No quiero que piense que es mala, pero tampoco quiero consentirla. Quiero que vea lo increíble que es y lo fuerte que puede ser, para que no se dé por vencida ni ceda todo el tiempo. Esto es mucho más difícil de lo que esperaba».

El problema: «Nunca tuve un buen modelo de crianza. Esto es mucho más difícil de lo que esperaba. ¿Cómo puedo ayudarla sin hacer demasiado por ella?»

8

«Todos están tan tensos todo el tiempo»

No es lo que dices, es cómo lo dices

«Cuando no hay más reproches ni críticas en tus ojos, cuando eres capaz de mirar a los demás con compasión, ves las cosas de forma muy diferente. Hablas diferente. La otra persona puede sentir que realmente la estás viendo y comprendiendo, y ello ya alivia significativamente su dolor.»

THICH NHAT HANH

Caos y decepción

Uno de mis mejores amigos vivía en la casa de al lado. Entre ellos y nosotros teníamos seis niños, que circulaban cómodamente por los hogares de los demás. En nuestra casa había un remolino constante de gente, una energía inconfundible que parecía derramarse por todos los espacios. La casa de nuestro amigo neurotípico reflejaba su energía relativamente suave y tranquila. No había desorden, todo estaba en su sitio. Hace poco, nos confesó que había un límite en el tiempo que podía pasar en nuestro hogar. Nos quería, pero nuestra casa era demasiado caótica. Necesitaba alejarse y recomponerse.

Y así es. Hay hermosos momentos en nuestras vidas con niños complejos. Vivimos para esos momentos. Pero a veces hay un estrato surrealista que hace difícil mantener el sentido del humor mientras se desarrolla el drama. Nos abruma el caos y nos apesadumbra la desilusión. A veces nos embargan la culpa o la vergüenza. Es como una especie de paraíso para locos.

La agitación es una parte normal de la vida de todos. El comienzo o la finalización de un año escolar, un cambio de trabajo, o incluso la búsqueda de una nueva niñera, son momentos en los que la vida suele complicarnos un poco. Pero cuando las actividades básicas del día a día producen constantes desequilibrios, no se trata precisamente del tipo de situaciones que te apetece publicar en las redes sociales.

La mayoría de nosotros hemos experimentado alguno de esos momentos. Por ejemplo:

- Hemos estado sentados, con la cabeza entre las manos, sintiéndonos impotentes mientras oímos a alguien que ha perdido los estribos en la habitación de al lado.
- Hemos visto a un niño pasar horas atormentándose por unos deberes que «deberían» haberle llevado diez minutos.
- Hemos perdido el control, conscientes de estar diciendo cosas de las que luego nos arrepentiremos profundamente.
- Pensamos en mil cosas que deberíamos decir, para luego permanecer en silencio, día tras día, semana tras semana.
- Nos sentimos como si estuviéramos caminando sobre cáscaras de huevo, con miedo de desencadenar una tormenta.
- Hemos oído a un niño gritar o lo hemos visto desmoronarse, y nos hemos sentido inútiles e incapaces de calmarlo.
- Nos hemos sentido impotentes ante un niño que golpea las paredes, lanza golpes y hace estragos.

- Hemos visto cómo un niño se autosaboteaba o se daba por vencido.

En las familias complejas, las transiciones simples y cotidianas generan incertidumbre, que puede dar paso al caos. Es un sello distintivo de las dificultades de nuestros hijos, a quienes las transiciones no se les dan bien; es difícil aceptar los cambios con los brazos abiertos cuando los sistemas que deberían funcionar bien se descarrilan fácilmente.

Y, así, a menudo nos sentimos decepcionados o resentidos, como si estuviéramos fallando a nuestros hijos, fallando en su crianza, en la enseñanza o en la vida. No nos apetece ir a casa después del trabajo, ni planear salidas familiares o nuevas actividades escolares, porque la simple idea de «convivencia» nos hace querer huir. Detestamos admitir que con demasiada frecuencia no nos gustan mucho nuestros propios hijos, por lo que dejamos de querernos a nosotros mismos.

> Con hijos complejos, podemos sentir que vivimos en medio de un caos con esteroides.

Las transiciones son inherentes a la educación de un niño, y el caos es (en términos generales) una característica propia de la vida familiar. Pero con los niños complejos, podemos sentir que vivimos en medio de un caos con esteroides. La única constante en la vida es el cambio, que puede ser una aventura maravillosa o algo siniestro y amenazador. Dado que el no saber es un componente fundamental de nuestro mundo, deberíamos aceptar el caos, comprenderlo y esperarlo, incluso respetarlo y hacerlo nuestro amigo.

Perspectiva de coach: Crea un tono positivo en el hogar

Pedí a un grupo de niñas de tercer grado que se turnaran al frente del salón y les hice la misma pregunta: «¿Podrías quitar tu mochila de la mesa, por favor?» Antes de que le tocara el turno a cada una, les propuse que respondieran expresando una emoción: amabilidad, enfado, impaciencia, dulzura, irritación, hambre, solidaridad, afecto, odio, sarcasmo. A las chicas les encantó el juego, y se rieron mucho. Las madres, que estaban en el fondo del salón, se reconocieron a sí mismas en sus hijas. No siempre les gustó lo que vieron y oyeron.

¿ESTÁS LLAMANDO IDIOTA A TU HIJO EN SECRETO?

La comunicación es contextual; se manifiesta con palabras, tonos, expresiones y gestos. Nuestras elecciones pueden ser empoderadoras:

- «Sí, y además…» en lugar de «Pero…» puede desactivar en el otro el modo defensivo.
- «Podrías» en lugar de «deberías» ofrece opciones y control auténticos.
- «¿Qué opinas?» en lugar de «¿Por qué no…?» estimula la responsabilidad y la independencia.

A veces saboteamos la comunicación sin darnos cuenta. Pensamos que estamos disimulando la frustración, la decepción, el miedo, el juicio, la vergüenza o la culpa, pero nuestros hijos perciben la verdad en nuestro tono o en nuestras palabras, que les transmiten algo diferente:

- «¿En qué estabas pensando?» («Eres un idiota.»)
- «¿Pero qué demonios…?» («No puedes hacer nada bien.»)
- «Te lo digo por décima vez…» («No tienes respeto.»)
- «¿Estás segura?» («No confío en ti.»)
- «¿Has hecho lo que te he pedido?» («Eres un holgazán.»)
- «¿Por qué no lo has hecho?» («Estás condenado al fracaso.»)

Es curioso cómo somos cautelosos con los que no conocemos, educados cuando nos dirigimos a una autoridad («Sí, señora»), y considerados al hablar con extraños («Adelante, por favor»). Pero podemos ser francamente desagradables con nuestros seres queridos, sin intención. Cualquier cosa que te haga sentir frustrada o preocupada se expresará sutilmente en tu tono.

Para cambiar tus pensamientos y mejorar tu comunicación, intenta esto:

1. Piensa en tus peores temores o preocupaciones acerca de tu hija. Dilos en voz alta e intenta identificar el tono que estás utilizando.

2. Pregunta a tu esposo o a un buen amigo qué preocupación tiende a colarse en tu tono. Redúcelo a los dos o tres mensajes más frecuentes.

3. Siente curiosidad por saber qué más es cierto, aparte de tus miedos. Considera nuevos pensamientos que podrían serte más útiles.

MÁS ALLÁ DEL TONO DE VOZ, EL TONO DEL HOGAR

Ya sea que lo llames moderar o buscar el lado bueno, una mentalidad positiva te guiará para dotar a tu hogar de un tono que mejore la convivencia familiar.

Si bien la negatividad es tóxica y genera más negatividad, la positividad puede ayudar a mejorar una situación difícil. Cuando cambias tu perspectiva (y las palabras y tonos con los que la reflejas) de adversativa a cooperativa, allanas el camino hacia mejores resultados.

La positividad no consiste tan solo en ser amable. Se trata de interpretar una situación de tal manera que mejore el futuro. Lo importante no es que Anna Frank llevara un diario tan extraordinario; es que ella lograra mantener una actitud positiva incluso ante algunas de las peores atrocidades conocidas por la humanidad, que imprimieron a su historia su impacto y perdurabilidad.

A veces, los detalles acerca de qué trabajo específico no se entregó, qué tarea no se hizo, o quién se levanta de la mesa en la cena deben pasar a segundo plano, para ayudar a tu hijo a sentirse seguro, conectado y amado. Deja pasar algunas cosas a fin de ayudar a tus hijos a ver sus fortalezas y sentirse apoyados.

Admitamos que podrías mirar a tu adolescente de aspecto descuidado, escondido detrás de los auriculares y tamborileando sobre la mesa, y pensar «Eres un parásito desagradecido», mientras le pides «Pásame la mantequilla, por favor». Eres humana, y los hijos a veces son frustrantes. El desafío es controlar tu tono de voz hasta que puedas redirigir tus pensamientos a algo más constructivo para todos.

Lo que es bueno para nuestros hijos es realmente bueno para nosotros (y para nuestras relaciones). Para crear un tono positivo en tu hogar cuando sientes que te hundes todos los días en arenas movedizas, concéntrate en ti misma, en tu hijo y en su relación mutua. Haz saber a tus hijos que estarás allí para ellos, incluso cuando las cosas no salgan como quieres. De conversación en conversación, céntrate en comunicarte con un tono de voz positivo; con el tiempo, eso te llevará a influir en el tono de tu hogar, creando una base para el éxito que durará toda la vida —la vida de tu hijo—.

Estrategia: Enfocar a sus fortalezas

Cuando mi hijo mayor se enamoró de la actuación durante una clase sobre Shakespeare que formaba parte de un programa extraescolar, nunca lo había visto florecer de esa manera, mucho más que con las terapias, los médicos y los medicamentos. La clase de actuación fue una victoria y se convirtió en una constante. Solía bromear diciendo que resultaba más barato que la terapia, pero la verdad es que vi cómo despertaba su entusiasmo, y sentí que era esencial. De una forma que nunca hubiera anticipado, apostar a sus fortalezas hizo posible una carrera que cambió su vida para siempre.

Esto también se aplica a los adultos. Cuando aprendí lo que llamo la máxima del coaching para el TDAH —aprovechar las fortalezas y externalizar las dificultades— mi vida también cambió. Comencé a aprovechar mis puntos fuertes; contraté a un administrador para manejar las trivialidades administrativas que me estaban atascando; encontré una socia en Diane Dempster, quien complementó mis habilidades. Aprendí a pedir ayuda y dejé de intentar ser todo para todos. Jugar con mis puntos fuertes me liberó para el éxito personal y profesional.

En el mundo de los niños complejos, apostar a sus fortalezas y aprovecharlas de forma apropiada es una estrategia fundamental. Su valor no puede ser sobreestimado. El siguiente extracto de una entrevista con el doctor Stephen Hinshaw durante el Encuentro para Padres con TDAH de 2019 (ver el capítulo 3) ofrece una perspectiva relevante para *todos* los niños:

> Tienes a un chico que no es un estudiante tradicional. Tienes a un chico que no es la persona más organizada del mundo en términos de carpetas, mochilas y lo que sea, pero que es más creativo que otros. Quizás tú mismo tienes algunos de esos rasgos. ¡Celébralos!
>
> …Si piensas en lo que se ha investigado, desde hace muchas generaciones, acerca de lo que estimula a los niños, y tuvieras que elegir hacer una sola cosa, sería encontrar algo que a tu hijo le encanta, algo en lo que es bueno, y brindarle todas las

oportunidades para practicarlo y expresarlo. Es un ejercicio mental, porque vivimos en un mundo en el que abundan las presiones y los niños necesitan tratamiento, y sus padres también. Pero aquí es donde el fomento de la resiliencia basada en las fortalezas es realmente importante.

«Tal vez tu hijo no obtenga calificaciones fabulosas en la escuela, pero sí tenga habilidades musicales, artísticas o atléticas. Quizás su fuerte no sean las habilidades sociales, porque la interacción social le resulta abrumadora; pero si le ofreces una tarea individual o una conexión en línea, podrá conectarse con otras personas sin sufrir algunas de las tensiones que implica estar en un grupo todo el tiempo. La familia necesita descubrir en qué eres bueno, reforzarlo al máximo y brindar oportunidades, y no centrarse solo en lo negativo. Si pudiera dar un consejo, sería ese.» Continuó diciendo: «Coleccionar sellos, o jugar con insectos, o un deporte no tradicional en el que es realmente bueno, o la música... Ayuda a tu hijo a encontrar esa área que realmente disfruta y en la que es bueno, y déjalo prosperar en ella».

«Porque, a la larga, la construcción de una autoestima legítima y de la confianza en sí mismo a través de una actividad... Quiero decir, eso es lo que nos hace seguir adelante. Encuentra algo en lo que seas realmente bueno, algo que realmente te guste hacer; si puedes hacerlo, muchas otras cosas irán por el mismo camino.»

Tus hijos enfrentan dificultades. En lugar de permitir que sean definidos por ellas, ayuda a que se definan por sus fortalezas y dones. Descubre lo que aman y deja que se sumerjan en ello. No los saques de la clase de arte si aman el arte, solo para añadir más clases de matemáticas. Concéntrate en aquellas cosas que los hacen sentir muy bien consigo mismos, ya que son la fuente del éxito futuro. Tampoco las mantengas en secreto. Lo más probable es que tu hijo también esté frustrado ¡y un recordatorio de sus éxitos hará que ambos se sientan estupendos!

Di no al perfeccionismo

Durante la mayor parte de mi vida, evité el fracaso a toda costa. Perseguí solo las oportunidades en las que podía sobresalir y evité cualquier cosa que no hiciera bien. Limitar mis opciones reforzó un temor malsano al fracaso, y dejé que el miedo a perder me impidiera jugar.

Y luego fui madre de un niño con significativas dificultades para enfrentar las complejidades de la vida y del aprendizaje. Su camino se desvió de las líneas previsibles, y acabó siendo mi mejor maestro (a pesar de mi renuencia inicial a ser su alumna).

> Concéntrate en aquellas cosas que los hacen sentir muy bien consigo mismos, ya que son la fuente del éxito futuro.

Durante años, cargué contra las diferencias de mi hijo e intenté evadir sus «problemas», aceptando diagnósticos y terapias, haciendo todo lo que estaba en mi poder para asegurar que mi hijo inteligente tuviera éxito. Me había propuesto que su vida fuese «normal», lo que de alguna manera retorcida significaba «perfecta». Pero yo estaba empeñada en una misión imposible.

En sus primeros años de escuela primaria, aprendí una poderosa lección: para ser la mejor madre posible para él, tuve que dejar de lado las definiciones de otras personas acerca del éxito y dejar de empecinarme en que encajaran en mi definición del éxito. Me llevó años aceptar mi propio «fracaso» en el empeño de criar a un niño «perfecto». Cuando ese niño tenía 12 años, me convertí en una perfeccionista en recuperación. No fue un programa de 12 pasos; en cambio, todos los días, hice el esfuerzo de ver el fracaso como un excelente maestro (junto con el éxito).

A fin de reconocer, aceptar y abrazar a los niños complejos por lo humanos que son y dejar atrás la imagen idealizada de quiénes deberían ser, debemos deshacernos de nuestras anticuadas ideas perfeccionistas, que nos hacen sentir derrotados e inútiles.

Cuando los niños sienten que la perfección es el único estándar aceptable, tienden a responder de una de dos maneras:

- La ansiedad toma el control, impulsando cada acción y decisión, quitándoles la posibilidad de sentir satisfacción por cualquier logro.
- Dado que nada es lo suficientemente bueno, eventualmente se dan por vencidos y dejan de intentarlo. Todavía me duele recordar que contribuí a que mi hijo llegara a esta conclusión: «¿No lo ves, mamá? ¡Si no lo hago, entonces no lo haré mal!».

El impulso hacia la excelencia conduce al logro y a la superación personal, y no hay nada de malo en eso. Estás leyendo este libro para mejorar la dinámica de tus relaciones con tus hijos, ¿verdad? El reto es evitar que ese impulso se convierta en tiránico; es permitir que algunas cosas de la vida sean lo suficientemente buenas. Céntrate en el progreso, no en la perfección.

Diane me enseñó una estrategia para mantener a raya a los demonios del perfeccionismo: SUBUA, que significa Suficientemente Bueno, Avancemos. Lo usamos en nuestra empresa todo el tiempo.

Céntrate en el progreso, no en la perfección.

Cuando estás trabajando en un proyecto o guiando a tus hijos para que aprendan algo, observa cuando algo es lo suficientemente bueno y ya es hora de avanzar. Tal vez no necesites volver a doblar esas camisas, volver a cargar el lavavajillas o volver a revisar la ortografía de esas oraciones. ¿Qué pasa si en realidad ya están lo suficientemente bien?

Si tiendes a insistir en la perfección, ¿qué podría ayudarte a enfocar las fortalezas de tu hijo? No te estoy pidiendo que ignores el valor de los logros, pero fíjate cuándo ese valor interfiere en tus relaciones y te impide dormir bien y sentirte tranquila, o quizás incluso feliz. La distinción entre excelencia y perfeccionismo es una línea muy delgada que a veces nos cuesta distinguir; lo que queremos es ser conscientes de cuándo ayuda y cuándo, en cambio, se interpone en el camino.

El perfeccionismo trabaja contra nosotros y contra nuestros hijos. Controlar nuestro propio perfeccionismo lleva a la aceptación y a un enfoque más realista de los logros. Al fin y al cabo, un 9 sigue siendo una calificación alta. Pregúntate: «¿Es lo suficientemente buena?».

Di sí a la compasión radical

Hace años, la facilitadora Shannon Kelly me guió a través de un taller de Bigger Game (creado por Rick Tamlyn). En ese entonces, yo buscaba claridad en la misión que me había propuesto: crear un recurso global para padres de niños complejos. Todavía recuerdo el ahogo que sentí al responder su pregunta acerca de mi objetivo: «...quiero que ningún otro niño crezca sintiéndose como yo me sentí».

Tres pedazos de papel, que había pegado en la pared de mi oficina, me acompañaron cuando me mudé a otro lugar. Me sirven para recordarme lo difícil que es ser un niño complejo y los poderosos beneficios de la crianza desde un enfoque de coach. Las primeras dos citas las anoté poco después de haberme convertido en coach, cuando mi hijo preadolescente empezó a compartir conmigo lo que sentía, porque yo estaba abierta a escuchar. Sus palabras me parecieron tristes y conmovedoras:

«No es mi intención ser tan disfuncional».

«En el instante en que ella me empezó a gritar, dejé de pensar».

Otro mensaje, escrito por él en una bonita nota adhesiva unos años más tarde, después de que comenzara a practicar la compasión radical, me sigue llenando de esperanza:

«Cuando la vida te patea, deja que te patee hacia adelante. Enorgullécete y no temas cometer errores. Sé tú mismo».

Cuando estamos agotados y exasperados al final de un largo día o al comienzo de una semana complicada, con demasiados compromisos y muy poco tiempo, es difícil recordar que nuestros hijos sufren. Solo queremos que se comporten bien, que sigan instrucciones o hagan lo que se espera de ellos, para que a su vez podamos hacer lo que se espera de nosotros. Olvidamos con facilidad que lo que vemos como un simple obstáculo a superar, puede ser para él una montaña insuperable. Los niños complejos están siempre luchando.

Mis clientes me cuentan que les dicen cosas a sus hijos de las que luego se arrepienten. Les preocupa la autoestima de sus hijos, o que sean apáticos y perezosos. Empeñados en enseñar, guiar, formar y preparar a los niños a enfrentar un mundo grande y difícil, los padres se sienten obligados a responsabilizarse, a aplicar castigos apropiados y a que sus hijos enfrenten las consecuencias, a fin de mostrar al mundo que se toman en serio su papel, que son adultos responsables y que tienen el control.

Las relaciones sólidas son la base que permite ayudar a los niños a mejorar su comportamiento.

Los padres recurrimos a amenazas, advertencias y supresión de privilegios. Quitamos todo, hasta que no queda nada por quitar. Nos resulta difícil recordar que nuestros niños no están evitando hacer lo que pedimos con el objetivo de ser groseros, difíciles o irrespetuosos. La realidad es que no disponen de un mecanismo para activarse, organizarse o autorregularse, y lo encuentran embarazoso (y desmoralizador). Ciertamente, no necesitan que se lo recordemos sin cesar, y mucho menos sentirse mal por ello.

Tu hijo quiere ser visto, escuchado y comprendido. Quiere que su perspectiva y su experiencia importen. Quiere estar seguro de que formas parte de su equipo. Así es como lo guiarás con éxito hacia la independencia.

La vergüenza y la culpa no ayudarán a que tu hijo se desempeñe mejor. Dañan tus relaciones personales, reducen la capacidad de tu hijo para confiar en ti, refuerzan la imagen negativa que tiene de sí mismo y dificultan la realización de sus tareas. Si está convencido de que no entiendes cómo son las cosas para él, ¿qué sentido tiene que se moleste en intentarlo?

No estoy diciendo que todo lo que necesitas es amor y conexión, pero las relaciones sólidas son fundamentales para ayudar a los niños a mejorar su comportamiento. La compasión radical te da permiso para sentir la experiencia de tus hijos, te brinda un punto de acceso para empoderarlo para que vea su potencial en lugar de que se centre solo en lo que sienten que está «dañado».

Conversaciones internas: Aceptar el cometer errores (y detén las mentiras)

Sarah Blakely, fundadora de Spanx, considera que uno de los factores clave de su éxito fue el hecho de que su padre celebrara los errores. A pesar de su falta de experiencia, nunca se le ocurrió que no podía hacer lo que se proponía. Del mismo modo, si no hubiera habido errores hoy no tendríamos los chips de patatas, el Slinky[7], el

---

7. Un juguete consistente en un muelle helicoidal.

Scotch Guard[8], el marcapasos, los fuegos artificiales, la notas adhesivas Post-it o las galletas con chispas de chocolate. Alexander Fleming se olvidó de limpiar sus placas de Petri antes de cerrar las ventanas del laboratorio e irse de vacaciones; cuando regresó, las encontró llenas de moho y cambió el curso de la historia médica al descubrir la penicilina.

Aunque los errores son un componente fundamental del éxito humano, tendemos a asustarnos cuando nosotros o nuestros hijos incurrimos en ellos. Cuando los niños sienten que todo les sale mal, su autoestima se resiente; procuran encubrir sus errores, dejan de intentar hacer las cosas o se las ingenian para tener razón. Cuando nos piden coaching, Diane y yo solemos escuchar frases como:

- «Mi hijo me dijo que había hecho la tarea, pero no era verdad».
- «Me ha mentido».
- «Me ha mirado a los ojos y me ha dicho una mentira».
- «La he pillado mintiéndome de nuevo».

La verdad es simple: los niños mienten. Todo el tiempo. Incluso los niños serios, que cumplen las reglas. Los niños complejos mienten de forma exagerada; no porque sean menos honestos, sino porque la autopreservación los lleva a negar y a defenderse para no sentir que están siempre equivocados. Yo lo llamo «deshonestidad defensiva». Y los padres tenemos parte de la culpa:

- Estamos constantemente corrigiendo a los niños, desde pequeñas observaciones hasta grandes sermones, dejando a todos agotados.

---

8. Una lámina protectora para superficies.

- Los niños son literales, y están inseguros acerca de cuándo mentir está bien. Les decimos «Di que lo sientes» cuando en realidad no lo sienten, o «Di que mamá no está en casa» cuando quieres evitar atender una llamada. Dado que los niños tienen la intención de hacer su tarea, por ejemplo, ¿por qué no pueden decir que ya la han hecho?
- Estamos decididos a atraparlos en las mentiras por su propio bien.

Sin embargo, puedes crear un entorno en el que se pueden cometer errores, al aceptar que es «normal» que un niño complejo sea física o mentalmente hiperactivo, impulsivo, o lo que fuere. Puedes evitar la vergüenza, la culpa y la incomodidad que provocan las correcciones y redirecciones. Haz que cometer errores sea algo natural, tanto como sea como posible. Estimula las reacciones positivas («Vaya, he roto el grifo de la cocina»); enséñale que los errores son experiencias de aprendizaje («La próxima vez, leeré el manual de instrucciones»), y quita de la espalda de todos el peso de tener que hacerlo todo «bien».

Para que cometer errores sea aceptable, intenta:

> Acepta el cometer errores como algo natural, tanto como sea como posible.

- Limita las correcciones, y reservar las redirecciones para lo que es importante.
- Mantén el sentido del humor cuando hagas correcciones.
- Permite que haya un tiempo «sin correcciones» con tus hijos (no se lo digas; simplemente no corrijas todo lo que no sea peligroso).
- Ríete de los errores estúpidos de la vida.
- Mantente abierta a las críticas y sugerencias constructivas.
- Acepta el cometer errores como algo natural.

- Aplica un enfoque científico a lo que funciona y lo que no.
- Verbaliza los errores (sin reprocharte por ellos).

«¿No es bonito saber que lo recordarás?», le pregunto a mi hijo que tiene dificultades con la memoria de trabajo, y a continuación: «¿Qué vas a hacer para ayudarte a recordarlo?» Es probable que ese mismo niño te responda en broma: «No sé qué quieres decir, mamá. Por supuesto que no dejé mis platos sucios en el salón. ¿Qué esperabas de mí?», mientras lleva sus platos a la cocina. Claro, podrías gritarle por no haberlo hecho cuando tocaba. Pero también podrías agradecerle por tomarlo con buen humor, manteniendo un tono positivo en tu hogar y reforzando la conexión con tu hijo.

Los errores suceden, seguramente más en nuestros hogares que en otros, y lo que realmente importa es cómo reaccionamos ante ellos. Tal vez no necesites sacar tus errores de la basura como Sir Alexander Fleming, pero puedes tomarlos con ligereza y quitar el estigma para todos. Somos —como le gusta decir a mi hijo mayor— perfectamente imperfectos.

Preguntas para el autodescubrimiento

- ¿Qué te decepciona?
- ¿Cómo creas un tono positivo en tu hogar?
- ¿Cuáles son las fortalezas de tu hijo?
- ¿Cuándo te dejas dominar por el perfeccionismo?
- ¿Cuándo sientes compasión por tu hijo?
- ¿Cómo reaccionas ante los errores que cometes?

LA HISTORIA DE ELIJAH

Elijah explicó: «Mi esposa tiene un cargo muy importante en el trabajo. Yo soy el principal cuidador de nuestros hijos, y trabajo media jornada. Me encanta. Los niños responden, pero cuando mi mujer está cerca las cosas no son tan pacíficas. Quiero que ella disfrute su tiempo con la familia y quiero que a los niños les guste estar con su madre. Pero mi esposa no entiende bien los problemas de ellos; no tiene paciencia ni flexibilidad. Aunque los niños lo están haciendo lo mejor que pueden y solo necesitan un poco de apoyo extra, ella piensa que no se están esforzando y que yo los consiento demasiado. No sé cómo hacerle entender que la crianza implica mucho más que calificaciones y seguimiento de instrucciones. De verdad, nuestros niños son estupendos; me gustaría ayudarla a relajarse y disfrutar de nuestra familia en lugar de crear tanta fricción en el hogar».

El problema: Los niños se portan bien con uno de los padres, pero la situación se vuelve estresante cuando ambos padres están presentes. Unas expectativas poco realistas impiden que uno de ellos disfrute de una excelente relación con los niños.

9

«No sé lo que es ser realista»

Establecer expectativas y consecuencias apropiadas

«Sin embargo, reconocer y aceptar sin juzgar este gran sufrimiento
no es lo mismo, en absoluto, que sucumbir a él.»

THICH NHAT HANH

Expectativas irrazonables y retrasos en el desarrollo

«Las expectativas exorbitantes son una trampa, y, cuando no se cumplen, vuelven como un bumerán para desilusionarte. Es mejor abordar los problemas grandes y complejos con realismo y humildad». Paul Bianchi, director de la escuela Paideia.

Imagina que tu hijo se rompe la muñeca y le ponen una escayola que va de la mano al codo, justo cuando su clase está aprendiendo la escritura cursiva. Él asiste a las clases, incluso intenta escribir con su mano no dominante. Pero nunca consigue realmente aprender. El siguiente año escolar ya no hay clases de escritura cursiva, y la maestra considera que el niño ya «debería» saber utilizarla (algo que tiene sentido en teoría, pero no en la práctica).

186 · NIÑOS COMPLEJOS

Este escenario se presenta repetidamente con niños complejos, que tienden a ser conductual, social y/o emocionalmente inmaduros, a pesar de ser potencialmente capaces en el aspecto cognitivo. En esencia, los déficits en la función ejecutiva reflejan alrededor de un 30 % de retraso en algunos aspectos de su desarrollo cerebral, aunque no en todos, de modo que los niños complejos suelen estar retrasados en su desarrollo entre 3 y 5 años, comparados con compañeros de la misma edad.

Estas inconsistencias suelen resultar confusas para los adultos. Los niños complejos:

- Pueden mantener conversaciones maduras o formular argumentos convincentes, y al mismo tiempo no lograr limpiar su habitación, recordar sacar la basura o entregar la tarea.
- Pueden tener amigos estupendos, pero parecen incapaces de controlar su ira o su frustración con su familia.
- Les va bien en la escuela, pero están rezagados en las relaciones sociales.
- Se muestran seguros en lo social, pero son incapaces de organizarse y realizar sus tareas escolares.
- Rinden bien una semana pero no la siguiente, sin que su comportamiento errático tenga una causa aparente.

A pesar de comprenderlos intelectualmente, cuando evaluamos los comportamientos de los niños en comparación con sus compañeros neurotípicos no estamos haciendo una comparación justa. Nos sentimos decepcionados al comprobar que su rendimiento es menor que el de sus compañeros. Decimos cosas como: «Pero si ya tiene 8 años, debería poder hacerlo mejor…» o «Ella ya tiene 12 años. ¿No debería ser capaz de…?».

- Nos atascamos en cómo «debería» ser algo, cómo «debería» comportarse un niño, o cómo algo «debería» verse desde fuera. Esperamos que nuestros hijos se comporten como sus hermanos de más edad, o como los hijos de nuestros amigos.

- Nos preocupamos por las implicaciones de nociones como «conformarnos con menos» o «bajar nuestros estándares». Nos decimos que nuestros niños son brillantes, con un potencial extraordinario, y establecemos expectativas altas para que no desperdicien ese potencial.

- Necesitamos que estén bien para que nos sintamos tranquilos y en control, como explica Hal Runkel en su libro *ScreamFree Parenting*[9]. Cuando se sienten tristes, necesitamos que estén felices; cuando se están quedando atrás en la escuela, necesitamos que se organicen; cuando son emocionalmente sensibles, necesitamos que se hagan más fuertes.

Como padres, estamos comprometidos a ayudar a los niños a alcanzar su máximo potencial, por lo que no estoy argumentando a favor de eliminar las expectativas, ni siquiera de reducirlas. «No puedes ser padre o enseñante sin expectativas. Las expectativas son la forma en que comunicas tu experiencia, tu sabiduría y tus valores», dijo Ross Greene durante su intervención en la Conferencia Internacional sobre el TDAH de 2019. Pero «empujar a un niño a cumplir unas expectativas que sabes que no puede cumplir» según su edad, sin tener en cuenta los retrasos en el desarrollo, generalmente conduce a comportamientos no deseados.

---

9. Crianza libre de gritos (N. del T.).

Perspectiva de coach: Ve a su encuentro en el punto en que está, y mejora el nivel a partir de allí

El hijo de mi cliente era un adolescente brillante que había suspendido dos materias, obtenido notas mediocres en otras dos y una nota alta en Historia clásica avanzada. Le encantaba su profesor de historia, y se aburría en sus otras clases. Pero si no aprobaba esas dos materias que tenía pendientes, tendría que recuperarlas asistiendo a clases especiales durante el verano. Era intelectualmente capaz de sacar notas sobresalientes, pero no había aprendido a dominar su motivación, por lo que tenía que luchar para simplemente aprobarlas.

Si su madre le hubiera dado un ultimátum, probablemente habría pasado el verano en la escuela. En cambio, su madre fue al encuentro de su hijo en el punto en el que estaba. Se mordió la lengua para no mencionar su decepción, y resistió la tentación de decirle que necesitaban trabajar juntos, algo que él ya sabía. Habló con él sobre lo que quería hacer durante el verano, sobre qué hacía falta para aprobar las materias, y si quería hacerlo. Elaboraron un plan, incluyendo controles y evaluaciones, a efectos de cumplir su objetivo de disfrutar de sus vacaciones de verano.

Al principio, esta madre estaba muy disgustada. Pero se esforzó por dejar sus propios miedos y emociones fuera de la conversación, ayudando a su hijo a pensar en lo que sería necesario para elevar sus calificaciones en las dos materias en las que había fracasado. Permaneció tranquila y presente ante las circunstancias por las que pasaba su hijo, y mantuvo a raya su propio catastrofismo (ver capítulo 7). Su enfoque tranquilo ayudó a su hijo a mejorar el nivel y evitar tener que asistir a la escuela de verano.

Es un pez que se muerde la cola, en realidad. Nuestros niños luchan contra dificultades invisibles a simple vista, mientras los padres establecemos expectativas basadas en ilusiones. Pero cuando ponemos el listón demasiado alto para ellos, esperando que alcancen hitos típicos para los que no están preparados, es como si les dijéramos que se volvieran más altos. Los niños complejos necesitan:

- Creer que son capaces.
- Permiso para que les lleve más tiempo llegar allí.
- Aprender a superar los obstáculos sin incomodidad ni extrema vergüenza.
- Apoyo para comprender el proceso.

Para ir al encuentro de tu hijo exactamente donde está en este momento debes ser realista, invitándole a dar el siguiente paso. Como explicó una madre del grupo de coaching: «Debo obligarme a observar mi propio comportamiento, para asegurarme de que estoy estableciendo límites apropiados para mi hijo».

El mejor regalo que te puedes dar a ti misma y a cualquier niño complejo es reconocer y aceptar los desafíos que enfrenta y alentarlo a avanzar desde exactamente donde está.

No le pedirías a un niño miope que se siente en el fondo del aula y entrecierre los ojos para tratar de leer un texto en la pizarra. No le dirías que se esfuerce más ni argumentarías que sus los amigos sí pueden ver, por lo que él también debería poder hacerlo. En lugar de ello, le proporcionarías los medios adecuados para que pudiera ver bien a pesar de la miopía, y luego lo animarías a utilizarlos sin sentir vergüenza por ello. Tal vez incluso tratarías de que se sentara en los primeros bancos a fin de que vea mejor, o le comprarías gafas. Si se resistiera a utilizarlas lo alentarías a hacerlo, ayudándole a apreciar sus ventajas.

Uno de nuestros capacitadores certificados de Sanity School® es una maestra de cuarto grado que utiliza el enfoque de coach en sus clases. Cuando notó que el listón estaba demasiado alto para uno de los alumnos, redujo las expectativas, y él respondió muy bien. Cuando el nivel que se pretendía era demasiado alto, no estaba dispuesto a intentarlo.

Establecer expectativas apropiadas como maestros, padres e incluso estudiantes, comienza con la reformulación de la mentalidad. Debemos centrarnos en el crecimiento gradual. En el progreso, no en la perfección. Manteniéndolo manejable y realista. Y, sobre todo, empoderar a los niños mostrándoles que estén en el punto en que que estén, están bien.

La positividad no es suficiente. Los niños complejos necesitan que ajustemos *nuestras* expectativas. Es fundamental para el éxito de *ellos*.

Como solía decirles a mis propios hijos con bastante frecuencia: «Paciencia, joven saltamontes. Serás un adulto increíble, solo tenemos que llevarte allí».

Estrategia: Cambiar las expectativas con el enfoque 3-5

Cuando tenía 17 años, mi hijo mayor me escuchó hablar con un vecino en la cocina mientras le explicaba el retraso de 3 a 5 años. Mi hijo entró en la cocina y me dijo: «Espera, mamá, ¿quieres decir que no soy en realidad un inmaduro de 17 años, sino que soy un niño maduro de 12? Me reí y le dije «Bueno, es más o menos así». «Genial», me respondió. «Es algo que puedo aceptar». Y lo hizo.

De hecho, esa explicación fue liberadora para él. Resultaba siempre confuso que fuera tan maduro en algunos aspectos y tan asustadoramente inmaduro en otros. Reformular las expectativas niveló el campo de juego, ayudándolo a seguir avanzando con menos vergüenza, seguro de que eventualmente alcanzaría el nivel de sus pares.

Aunque la positividad es el eje común que atraviesa todos los paradigmas de crianza que he estudiado, y es esencial en todas las cuestiones que se tratan en este libro, quiero decirlo claramente: la positividad no es suficiente. Los niños complejos necesitan que cambiemos *nuestras* expectativas. Es fundamental para el éxito *de ellos.*

ASUMIENDO EL ENFOQUE 3-5

Cuando te sientas frustrada porque tu hijo no está realizando una tarea como piensas que debería, o te encuentras pensando: «¿Por qué no puede simplemente...?», recuerda estas maneras de modificar tus expectativas.

1. **Pregúntate: «¿Qué espero ante este escenario?»** Responde de forma clara y específica.

2. **Resta entre 3 y 5 años de la edad del niño.** (Si es temprano por la mañana, o después de las cinco de la tarde, resta dos más). Pregúntate: «¿Qué edad me parece que tiene este niño con relación a esta tarea en particular?» ¿Es entre 9 y 10 años, o más bien entre 6 y 9?

3. **Pregúntate: «¿Sería razonable esperar que un niño entre 3 y 5 años más joven que mi hijo completara esta tarea de forma independiente?»** ¿Cuál podría ser una expectativa más realista?

Cuando piensas en una alumna de séptimo grado como si fuera un alumna de cuarto grado en lo relativo a su desarrollo, ¿qué notas? ¿Aún te sorprende que no esté cumpliendo con las expectativas? Es factible que observes varios factores que indican un retraso de 3 a 5 años, tales como:

No está preparada para completar la tarea de forma independiente. Durante esa etapa en la que tienen que esforzarse tanto, necesita andamios y apoyos adicionales. Los niños con problemas de memoria funcional, por ejemplo, a menudo necesitan una estructura externa que los ayude a recordar.

No sabe muy bien qué hacer. Cuando se le enseñó una habilidad en particular, es posible que en ese momento no tuviera aún la capacidad de aprenderla. Como el niño con el brazo roto que no pudo aprender a escribir en cursiva, es posible que necesite que le enseñen de nuevo, pero cuando esté preparada.

Puede hacerlo ocasionalmente, pero no de forma regular. Los niños complejos son erráticos por naturaleza, por lo que es esperable un rendimiento poco consistente. Que un niño preste atención, por ejemplo, requiere muchos mecanismos de la función ejecutiva, influenciados por factores tales como haber dormido lo suficiente, tener conexiones sociales o encontrar el tema interesante.

Pueden presentar rendimientos diferentes según el área. Un niño de 12 años al que le motiva el fútbol puede ser organizado en ese ámbito, pero aun así incapaz de aplicar esas habilidades organizativas para tener éxito en la escuela.

Pueden retroceder en un área, mientras crecen en otra. Cuando los niños asumen nuevas actividades, roles (como ser un líder en un musical escolar o presidente de un club), o trabajos (fuera de la escuela), experimentan un crecimiento exponencial. Sin embargo, su trabajo escolar puede verse comprometido. Incluso los estudiantes más independientes pueden necesitar mayor apoyo cuando las circunstancias cambian, como en la época de los exámenes.

Cuando una maestra comenzó a emplear esta estrategia tras haber asistido a nuestro curso para maestros, notó cambios significativos en su clase. Al principio se resistía. No quería ver a sus alumnos de jardín de infancia como niños de 3 años. No obstante, al cambiar sus expectativas, pudo integrar con éxito a todos los alumnos en un aula de 5 y 6 años.

En una sesión de capacitación para preparar a profesionales para enseñar en nuestro método para padres o maestros de comunidades locales, Katie resumió acertadamente de qué se trata: «Comprender que el retraso de 3 a 5 años cambia las reglas del juego».

APRENDIENDO DE LAS CONSECUENCIAS
NATURALES A LOS 16 AÑOS

Esta historia demuestra cómo transferir la responsabilidad lleva tiempo (ver el capítulo 4). «Ya lo hago yo, mamá», dijo mi hijo, mientras preparaba la maleta para un largo programa de verano y se resistía a recibir ayuda para organizarse a tiempo. Él mismo empaquetó sus cosas. La primera noche tras haber llegado me envió un mensaje de texto:

«Olvidé traer las sábanas y una almohada. Soy un desastre». (Confieso que, en privado, me reí a carcajadas.)

«Supongo que quieres que te envíe algo» (Permitiendo que fuera él quien pidiera nuestra ayuda.)

«Sí, por favor, mándame sábanas y una almohada.» (Sin respuesta, déjalo que se retuerza un poco.)

Unas horas después: «Y unas toallas de ducha». Pausa. «Ah, y mi botella de agua está perdiendo.»

Esta vez respondió mi esposo: «¿Supongo que también tenemos que enviarte una botella, verdad?» (De nuevo, dejando que él pidiera ayuda.)

«Sí, por favor, por favor. Y gracias.» «Tomé prestadas unas sábanas y utilicé una sudadera como almohada. Y no tengo toallas.» (Consecuencia natural + ¡pedir ayuda con gratitud!)

La mañana siguiente le envié un mensaje de texto.

«Haremos nuestro mejor esfuerzo, pero probablemente las cosas tardarán varios días en llegarte. Por cierto, ¿necesitas también una manta?»

«Sí, necesito una manta. No es urgente, pero estaría bien.»

Mi esposo añadió: «Para que llegue allí el martes habría que pagar 23 dólares. Si lo quieres para el lunes, costaría 185 dólares. ¿Quieres pagar los 185?»

«No. Gracias.»

Once horas más tarde, con el paquete ya en camino, nos llegó el texto final:

«¿Es demasiado tarde para pedirte que añadas una bolsa de lavandería?»

«Ya te la he enviado:-). Buenas noches, chico.»

Experimentar las consecuencias naturales ayudó a mi hijo a aprender de los errores de una manera que no habría sido posible si lo hubiéramos sermoneado. Nos mantuvimos en el mismo equipo. Le costó 23 dólares, pidió ayuda muchas veces y aprendió a apreciarnos a nosotros y a su almohada. No nos culpó y se mostró agradecido. Nunca le dijimos «Te lo dije». La parte más difícil fue no burlarnos de él sin piedad.

Esa satisfacción nos llegó dos años más tarde, mientras él dilataba la tarea de hacer las maletas para ir a la universidad. «Me ocuparé yo, mamá.» Estaba convencido de que lo tenía todo controlado, afirmando ser el mejor empacador de maletas de la familia. Estuvimos bromeando sobre ello durante una semana. Cuando llegó el momento apropiado, le leí el intercambio de mensajes de texto que he reproducido más arriba. Tuvo que reconocer ante un amigo: «Mi madre me ha pillado. E incluso tiene pruebas para demostrarlo». Esa vez, las sábanas, toallas y mantas llegaron al mismo tiempo que él.

Di no al castigo disfrazado de consecuencias

«¡Estás castigado por un año!» Todos lo hemos pensado. Algunos lo hemos dicho. La mayoría lo lamentamos.

Si alguna vez has creado una consecuencia que es más un castigo para ti de lo que es para tu hijo, o si le has amenazado con un castigo poco realista, no estás sola. A veces nos frustramos tanto que «se nos escapa» un castigo antes de que podamos detenernos. Es una derrota para nuestros hijos, y desmoralizador para nosotros. A veces se convierte en un castigo disfrazado de consecuencias:

- «Si no limpias tu habitación, te quedarás sin tu juego favorito».
- «Si no llegas a la parada del autobús a tiempo, te perderás tu fiesta de pijamas».
- «Si vuelves a hablarme así, no usarás el ordenador el resto del año».

En tiempos pasados, se les enseñaba a los padres a responder a los malos comportamientos de sus hijos con castigos; ahora se nos enseña a utilizar las consecuencias; lo ideal sería que fuesen consecuencias naturales. ¿Cuál es la diferencia? El castigo es una medida punitiva destinada a causar dolor o incomodidad para desalentar comportamientos futuros. Piensa en aquello de lavarle la boca a un niño con jabón para que no diga más palabrotas. Las consecuencias están destinadas a vincularse con las experiencias de aprendizaje, a fin de modificar conductas futuras. Por ejemplo, que un chico deba pagar para reemplazar el vidrio roto de una ventana rota para que aprenda a no tirar pelotas dentro de casa en el futuro. Las consecuencias naturales son resultados que no son necesariamente impuestos por uno de los padres, sino que suceden de forma natural como resultado de un error o un problema. Piensa: un fracaso en una prueba puede recordarle a un niño que debe estudiar más en el futuro.

Cuando los niños complejos hacen algo «mal», nos sentimos obligados a responder para que aprendan de su error. Por desgracia, nuestra «consecuencia» es a menudo un castigo disfrazado. No es justo imponer amenazas al azar, usar la culpa, lanzar advertencias ociosas o quitarles cosas. ¿Cómo pueden los niños evitar el castigo si no saben qué pasará?

Diane y yo a menudo recibimos llamadas de padres que nos dicen: «Sencillamente ya no sé qué más hacer. Ya no hay nada que pueda quitarle, ¡y a mi hijo no parece importarle en absoluto!». Cuando los niños luchan para que sus cerebros respondan como saben que *deberían* hacerlo, la desaprobación constante y las consecuencias retroactivas echan más leña al fuego, y acaban dándose por vencidos o rebelándose.

> Es más importante ayudarles a aprender de sus errores que cualquier consecuencia que sientas la necesidad de imponer.

En realidad, es más importante ayudarlos a aprender de sus errores que cualquier consecuencia que sientas la necesidad de imponer.

Los incentivos (ayudar a los niños a identificar lo que les motiva para mejorar sus comportamientos) y las consecuencias naturales pueden hacer magia cuando se usan de forma apropiada, especialmente cuando mantienes tu serenidad y sentido del humor. Cuando las expectativas son realistas, se determinan de antemano, se comunican claramente y se acuerdan, se pueden establecer las consecuencias apropiadas y ayudar a nuestros hijos a que aprendan a autogestionarse. Cuando tu hijo sabe qué esperar y tú puedes dejar que el sistema sea «el malo de la película», la consecuencia en sí resulta aleccionadora, mientras tú permaneces en el equipo de tu hijo y con actitud compasiva.

Di sí a animar y a ver posibilidades (Estimular y Fomentar la resiliencia)

En 1955, las investigadoras Emmy Werner, de la Universidad de California en Davis, y Ruth Smith, licenciada en psicología de Kauai, comenzaron un estudio longitudinal que siguió a todos los niños nacidos en la isla de Kauai durante ese año. Muchos de ellos habían sido criados en circunstancias difíciles y presentaban importantes dificultades a la edad de 10 años. Sin embargo, a alrededor de un tercio de esos niños con problemas les fue bien en la vida.

Werner y Smith los llamaron «vulnerables, pero invencibles». Los niños que «mostraron la mayor resiliencia fueron aquellos que tenían acceso a elementos de amortiguación conocidos como «factores protectores», incluido el apoyo emocional dentro y fuera de la familia. El tener a un adulto que creía en ellos, un adulto al que podían recurrir en tiempos de crisis, había marcado una diferencia significativa en los resultados alcanzados por esos niños.

Nuestros hijos complejos necesitan, más que la mayoría de los niños, que sepamos qué es posible para ellos y les ayudemos a que ellos mismos lo vean. Suelen recibir muchos mensajes del mundo que les dicen que no son lo suficientemente buenos, lo suficientemente inteligentes, lo suficientemente rápidos, lo suficientemente organizados, lo suficientemente tranquilos. Hace poco le dije a una amiga cuyo hijo sufre de ansiedad: «Tu trabajo no es protegerlo de los problemas. Tu trabajo es ayudarle a superarlos».

Lo hacemos con estrategias, tácticas y tantas otras cosas de las que hablamos en este libro. Y también lo hacemos manteniendo una visión por ellos, hasta que puedan sostenerla por sí mismos. De esa forma, estimulamos su capacidad de verse a sí mismos como resilientes, su convicción de que podrán lograr cualquier meta que se propongan.

Nuestros hijos están en riesgo de vulnerabilidad, pero podemos ayudarlos a verse a sí mismos como invencibles. No me refiero a la invencibilidad del tipo «No necesito usar el cinturón de seguridad», sino más bien la de «La vida es dura, pero hay gente que cree en mí, y puedo conseguirlo». Podemos tener un impacto enorme si creemos en nuestros hijos, sabemos lo que es posible para ellos y les alentamos a creer en sí mismos. Podemos guiarlos para que descubran y acepten su propia resiliencia.

Nuestros hijos se dan cuenta de cuándo ponemos la atención en lo que está dañado o lo que podría salir mal, incluso cuando no nos percatamos de que lo estamos haciendo. Incluso cuando nos enfadamos y les exigimos que se esfuercen más cuando han tenido malas calificaciones, por ejemplo, debemos estar seguros de que les estamos transmitiendo el mensaje de que creemos que pueden hacerlo mejor, y no de que tenemos miedo de que no puedan. Si creemos en ellos, es más probable que crean en sí mismos.

Una vez escribí que las siete palabras más importantes que un padre o una madre puede decir a su hijo son «Creo en ti. ¡Sé que puedes hacerlo!». Es un mensaje positivo, que reafirma y empodera. Pero mi amigo Jerome Schultz, doctor en filosofía y autor del libro

Nowhere to Hide[10], me aconsejó que evitara añadir presión adicional. Ahora, animo a los padres a decir algo como «Creo que puedes hacerlo. Sé que es posible que tú misma no estés segura. No pasa nada. Por ahora, confía en lo que veo yo: que puedes hacerlo; seguiré creyendo que puedes, hasta que estés preparada para creer en ti misma».

No debemos confundir cambiar las expectativas con conformarse con «menos» o con «bajar» nuestras expectativas. El objetivo aquí es establecer expectativas realistas en el corto plazo y tener una visión positiva de quiénes pueden llegar a ser nuestros hijos y qué pueden lograr a largo plazo.

Autodiálogo: Asumir la Intención Positiva (A.I.P.)

Recuerdo a Don Knotts dibujando en la pizarra de un tribunal durante un episodio de la serie *Mayberry RFD*: ASS-U-ME. «Cuando asumes», dijo, «haces que ambos hagamos el papel de tontos».[11] ¿Quién dice que no hay nada que aprender de la televisión?

Asumir (presuponer) puede generar una cadena de malentendidos, de errores de comunicación que pueden salirse de control e interferir con las relaciones. Imaginemos que tu hija ha tenido problemas en la escuela porque olvidó hacer su tarea. Tú solo te enteras cuando su maestra te envía un correo electrónico. «Pero mamá, no quería que te enojaras», dice ella. (Lo que finalmente ha ocurrido, porque ella no te lo ha dicho). Tu hija presupuso cuál sería tu reacción, lo cual impidió la comunicación abierta.

---

10. Ningún lugar donde ocultarse (N. del T.).

11. Es un juego de palabras. *Assume* significa presuponer en inglés. Al separar la palabra de esa forma, ASS-U-ME, se puede leer como *ass you me*, «tontos tú y yo» (N. del T.).

No es realista esperar que dejemos de presuponer. Pero, dado que hemos elegido recurrir a interpretaciones para gestionar los altibajos de la vida, *podemos* optar por hacer presuposiciones útiles. En el coaching decimos que «todo está inventado». Sabemos que la gente hará suposiciones, porque así es como funciona el cerebro. La percepción lo filtra todo, y con frecuencia actuamos en base a lo que asumimos acerca de una situación, incluso cuando no estamos seguros. Nuestros hijos lo hacen todo el tiempo, también. En vista de ello, podemos hacer que nuestras asunciones funcionen para nosotros, reformulando la manera en que pensamos en ellos.

Diane me enseñó una herramienta que se ha convertido en una valiosa táctica estándar para la caja de herramientas de los padres. Lo llamamos A.I.P., Asumir la Intención Positiva. Si fueras a las casas de nuestros clientes, posiblemente verías notas adhesivas con la leyenda «A.I.P.» en muchos lugares. Son un sutil recordatorio del poder de hacer presuposiciones que sean útiles para ti. Por otra parte, los niños no tienen idea de lo que significa.

A.I.P. te recuerda que te centres en lo que es positivo y posible. Empieza con la idea de que es posible que tus hijos ya estén dando lo mejor de sí, o que al menos desean hacerlo. Cuando tus hijos no están siguiendo instrucciones, en lugar de concluir precipitadamente que están siendo irrespetuosos o desobedientes, podrías suponer que se están esforzando mucho y que quieren hacer lo mejor que pueden. Tu interpretación, con el tiempo, ayudará a tu hijo a hacerlo mejor.

Puede ser muy difícil para tu hijo saber lo que «debería» poder hacer, y al mismo tiempo ver que sus amigos y hermanos hacen sin problemas algo que él es incapaz de hacer. Es algo increíblemente frustrante. Cuando consideras cómo debe ser para él sentir que te está decepcionando una y otra vez, que no tiene éxito pese a que se esfuerza mucho, encontrarás una compasión que quizás no hayas tenido antes.

Con A.I.P. es menos probable que te apresures a señalar pequeños errores y más probable que reconozcas cuando las cosas son más difíciles de lo esperable. También contribuye a evitar grandes disgustos, porque a menudo los derrumbes de nuestros hijos son una consecuencia de sentirse incomprendidos. Además, te ofrece una perspectiva diferente para abordar la resolución de problemas.

Entonces, cuando tu hijo no está escuchando, no sigue tus instrucciones, o se distrae con tanta facilidad que te vuelve loca, recuerda que es probable no se trate de un caso de «desobediencia voluntaria». Cuando pienses que se acerca una situación frustrante, recuérdate a ti misma que tu hijo está haciendo todo lo posible; verás cómo se aligera la carga y se reduce el estrés para todos.

También puedes intentar aplicar el A.I.P. a ti misma. En la conferencia sobre el TDAH en 2019, el doctor Ross Greene, conocido por su máxima «Los niños lo hacen bien cuando pueden», añadió: «Por cierto, a los adultos también les va bien si pueden».

Preguntas para el autodescubrimiento

- ¿Cuál es el nivel de retraso en el desarrollo que presenta tu hija?
- ¿Cuándo irás a su encuentro en el punto en el que está hoy?
- ¿Qué has aprendido al asumir el desafío 3–5?
- ¿Estás imponiendo castigos o estableciendo consecuencias útiles?
- ¿Cuál es tu visión acerca del futuro de tu hijo?
- ¿Qué presuposiciones inútiles tiendes a hacer?

LA HISTORIA DE HANNAH

La madre de Hannah la abandonó cuando ella tenía 8 años; su padre, un marino, era un hombre que imponía reglas muy estrictas y microgestionaba cada uno de los pasos de su hija. Tras saborear los primeros aires de libertad, Hannah perdió el control. Después de ocho años de universidad, de un matrimonio precoz y fallido, y del abuso de drogas, Hannah quería que las cosas fueran diferentes para su hijo Miles.

Sin embargo, cuando Miles estaba en tercer año, su propia microgestión hizo que su relación con él se volviera tirante. En el último año escolar, Hannah tomó clases de coaching a fin de deshacerse de su necesidad de controlar. Cuando Miles estuvo en riesgo de no graduarse, le pregunté: «¿Qué es lo peor que podría pasar?». Hannah afirma que sintió una «paz increíble» cuando se dio cuenta de que aceptaba el punto en que estaba su hijo. Hannah lo ayudó a decidir qué quería hacer y Miles finalmente logró graduarse, aunque no pudo ingresar de inmediato a la universidad por no haber presentado la solicitud a tiempo. Hannah lo apoyó sin juzgarle, y realmente disfrutó el semestre durante el cual Miles trabajó y ahorró dinero mientras veía a sus amigos marcharse a la universidad. Sin poner excusas, le dijo: «¿Sabes, mamá? tal vez debí enviar la solicitud antes».

Conclusión: Cuanto más te aferras al control, menos razones tiene tu hijo para hacerse responsable de sí mismo. Para poder transferir el control, tienes que soltar antes las riendas.

10

«Necesito una estrategia para...»

Crear sistemas y estructuras que realmente funcionan

«Nosotros mismos necesitamos ayuda. La otra persona también necesita ayuda. Nadie necesita ser castigado.»

THICH NHAT HANH

Cómo perdernos el bosque por centrarnos en los árboles: Empezando por las soluciones

«Quiero estrategias.»

«¿Cómo debo hacer para que mi hijo haga su tarea?»

«Solo quiero un poco de paz.»

«Estoy gritando más de lo que me gustaría.»

«Mi hija no completa su tarea.»

«El despertador no es suficiente para él.»

«Me ignora.»

«Es tan grosero.»

«Está fuera de control todo el tiempo.»

«Siento que camino sobre cáscaras de huevo.»

«Es como si hubiera secuestrado toda la casa.»

«No quiero ir a casa.»

Es difícil mantener la calma y la cabeza relativamente despejada, cuando en nuestro fuero íntimo queremos gritar «¡Basta, así no podemos seguir!». Después de miles de conversaciones, aprendí que todos los padres de niños complejos, ya sean novatos o veteranos, queremos las mismas dos cosas: soluciones y paz. Por lo general, suponemos que lo primero conducirá a lo segundo; en realidad, es al revés.

A los humanos nos gustan las soluciones. Nos gustan los sistemas, los procesos y las soluciones. Nos encanta solucionar un problema irritante. Pero somos impacientes y no siempre queremos dedicar el tiempo y el esfuerzo necesarios para resolver un problema de raíz. En cambio, aplicamos soluciones sin tener en claro el problema en primer lugar. Es como tirar espaguetis a la pared para ver cuál se queda pegado.

Por desgracia, empezar por las soluciones (estrategias, sistemas y estructuras) tiene un coste: que los niños no aprendan a resolver los problemas por sí solos. Cuando les damos las soluciones que creemos que deberían probar o que otros han empleado, los niños pierden la oportunidad de averiguar qué funciona realmente para ellos. Podríamos estar dándoles una buena cena de pescado, pero no les estaremos enseñando a pescar y mucho menos a planificar una excursión de pesca.

Cuando les damos a nuestros hijos agendas para usar en la escuela o les compramos despertadores sofisticados u organizadores gráficos para administrar el tiempo, por ejemplo, a menudo no logramos los resultados deseados. No es porque los sistemas y las estructuras no sean esenciales: lo son. Yo habría tenido dificultades para escribir este libro sin la ayuda de calendarios, ordenadores y notas adhesivas. Pero el objetivo de cualquier solución no es utilizar un sistema o una estructura, sino lograr el resultado deseado.

ESTRATEGIAS, SISTEMAS Y ESTRUCTURAS

Aunque la mayoría de la gente usa los términos estrategia, sistema y estructura indistintamente, creo que es útil señalar las diferencias.

Estrategias: Formas de encarar la realización de mejoras. Una estrategia para ayudar a un niño a hacer sus deberes podría ser activar el cerebro.

Sistemas: Los procesos o rutinas que implementamos para ayudarnos a completar nuestras tareas. Los bocadillos proteicos o la actividad física son sistemas para la estrategia de activar el cerebro.

Estructuras: Los componentes de los sistemas y las rutinas. Llevar una barrita de proteínas para comer en el autobús hacia la escuela o ir directamente al patio de recreo al bajar del autobús son estructuras que un padre podría usar para implementar un sistema para la estrategia de activar el cerebro.

Por ejemplo, para que un niño logre desempeñarse mejor en el aula el equipo docente podría elegir una estrategia para que aprenda a dejar de interrumpir durante la clase. A fin de que tenga incentivos para cambiar su comportamiento, se establece un sistema de recompensas. Las estrellas o puntos son estructuras que utiliza el docente para reforzar el comportamiento positivo del niño.

Los trastornos crónicos requieren, en realidad, un cambio de comportamiento que tiene que ver con un proceso. Las estrategias, sistemas y estructuras son herramientas valiosas para ayudar al cerebro a compensar las dificultades de la función ejecutiva, pero siempre debemos recordar que no son en sí mismos el objetivo. Son herramientas para ayudarnos a alcanzar una meta mucho más amplia e importante:

ayudar a los niños a alcanzar la autonomía y la autorregulación. No se puede lograr el éxito personal a largo plazo a través de un sistema; en cambio, se requiere un *proceso* de resolución de problemas.

Perspectiva de coach: Pensar en resolver problemas, no en arreglarlos

Durante muchos años mi vida consistió en sobrellevar el día. Rebotaba como una bola de pinball de una solución a otra, buscando respuestas. Probamos todas las terapias tradicionales que ofrecía la medicina, así como una multitud de terapias alternativas. Algunas ayudaron, otras no.

Me sentía atraída por cada brillante promesa de que «eso» lo arreglaría todo, buscando una solución única que hiciera desaparecer todos nuestros problemas. Ante cada nueva terapia o programa, esperaba (secretamente) haber encontrado una varita mágica. Me da un poco de vértigo pensar en los miles de dólares que gastamos.

No estaba abordando las cosas de forma sistemática, como parte de un programa más amplio; y, francamente, no estaba buscando una mejora gradual. No entendí que las dificultades de mi hijo requerían, fundamentalmente, una gestión del comportamiento a largo plazo. Solo anhelaba una solución rápida.

Queremos que nuestros hijos se conviertan en adultos capaces e independientes. Que sean capaces de establecer metas y trabajar duro para lograrlas, navegando los desafíos de la vida y superando obstáculos. Queremos que vivan sus vidas plenamente, que construyan relaciones sanas, que se embarquen en carreras satisfactorias y, en última instancia, que se mantengan a sí mismos, ¡para que no terminen viviendo en nuestros sótanos dentro de veinte años, o algo peor!

Para lograr este objetivo a largo plazo, debemos evitar la tentación del pensamiento mágico, que suele presentarse cuando buscas una solución rápida. En cambio, debemos hacer por nosotros mismos lo mismo que nuestros hijos necesitan aprender a hacer: abrazar el proceso complicado y lento de la resolución de problemas. Eso no significa que no debas probar cosas nuevas o establecer nuevos sistemas. Pero hazlo con cuidado. Sé consciente del proceso que utilizas para introducir nuevas «soluciones». Deja que el Modelo de Impacto te guíe para comprender lo que tratas de cambiar, y qué está contribuyendo a ese comportamiento. A continuación, planea estratégicamente: activa el cerebro (capítulo 7), sé positiva (capítulo 8), cambia las expectativas (capítulo 9) y haz que los sistemas y las estructuras funcionen.

Antes de descubrir el enfoque de coach, creía que podía «arreglar» los problemas de mi hijo. Pensé que podríamos eliminarlos con un medicamento, una terapia, un programa escolar especial o una clase de habilidades sociales. No fue hasta que aprendí el valor de enfocarme en el proceso de resolución de problemas, que dejé de intentar rescatarlo de sus dificultades. Adoptar una mentalidad de crecimiento era el camino hacia el cambio duradero.

Stephen Covey dice que hay que empezar teniendo en mente la línea de llegada, pero eso no quiere decir que sea un defensor de las soluciones rápidas. Está hablando de tener una visión de lo que quieres lograr y de establecer el cambio que quieres, para que puedas descubrir un proceso eficaz que conduzca a ese cambio.

> Abraza el proceso lento y complicado de la resolución de problemas.

Nuestros niños necesitan aprender habilidades constructivas para resolver problemas, apropiadas para la etapa de su desarrollo en el que se encuentran. Y nosotros también. En lugar de decirles «Tienes que aprobar tus materias para evitar tener que ir a la escuela de verano» o «Tienes que tener solo buenas calificaciones antes de poder conducir el automóvil», debemos guiarlos para que averigüen cómo pasar sus exámenes o desempeñarse bien en clase. Y eso incluye ayudarlos a encontrar su motivación y comprender lo que significa para ellos.

En el resto de este capítulo, me concentraré en algunos puntos clave para hacer que los sistemas y las estructuras funcionen de manera efectiva, manteniendo la mentalidad de que no estamos tratando de arreglar nada; más bien, nuestro objetivo es mejorar una dificultad a la vez, un proceso a la vez.

Estrategia: Utilizar el fracaso para el éxito (con tres preguntas mágicas)

«Si quieres mejorar en algo, necesitas experimentar con la mente abierta, intentar y fallar, aceptar el resultado y aprender de él, sea cual fuere.»

PETER BREGMAN, «STOP FOCUSING ON YOUR PERFORMANCE»[12],
Harvard Business Review

Hay un hecho que casi todos detestamos: el fracaso es una parte fundamental del aprendizaje. No aprendemos a hablar sin balbucear, ni a caminar sin tropezar. Los descubrimientos científicos se basan en aprender de los fracasos, identificando lo que no funciona, sin juzgar, para que podamos descubrir lo que sí funciona. El fracaso es responsable de éxitos como las galletas con chispas de chocolate, ¡así que no puede ser del todo malo! (ver el capítulo 9). Pero aún así, solemos resistirnos al fracaso con cada fibra de nuestro ser.

Es razonable esperar que nuestros hijos fracasen, que vacilen y cometan errores mientras aprenden a tener éxito. Pero *ellos* no

---

12. Deja de centrarte en tu rendimiento (N. del T.).

lo ven así. Están condicionados para desear soluciones simples, como te pasaba a ti; por otra parte, no son exactamente las personas más pacientes. Se avergüenzan fácilmente, y anhelan que los consideres capaces y verse a sí mismos capaces. El fracaso es lo último que quieren. Están empeñados en evitar errores a toda costa.

Por lo tanto, enseñarles a manejar el fracaso es un componente esencial para criar niños complejos. Es difícil, porque tienden a odiar el fracaso y porque no aprenden de los errores de manera muy eficiente. Dado que los niños no procesan los errores mientras están sucediendo, o se resisten a ser redirigidos por vergüenza, a menudo no saben cómo evitar cometer los mismos errores.

El lento proceso de resolución de problemas y de aprendizaje a partir de los errores puede ser abrumador, frustrante o aterrador para los niños y para nosotros. Como padres, queremos rescatarlos y limitar su frustración y decepción consigo mismos.

Pero evitar que experimenten el fracaso refuerza su tendencia a verse a sí mismos como estúpidos o defectuosos cuando cometen errores. Lo que queremos es estar en su equipo cuando vacilan, ayudarles a volver a ponerse de pie sin juzgarlos, para que puedan aprender de la experiencia y descubrir lo resilientes que pueden ser.

Los errores son algo humano. Depende de nosotros dar a los niños permiso para ser humanos con gracia, y enseñarles a usar el fracaso para tener éxito más adelante.

La estrategia de fracasar teniendo el éxito como objetivo es un proceso mágico para aprender de los errores sin incomodidad ni vergüenza. De lo sublime a lo ridículo, en entornos profesionales o personales, los errores funcionan de maravilla. Cuando la puntuación de un examen no es estupenda o una receta no sale del todo bien, intenta hacer las tres preguntas de la página siguiente.

TRES PREGUNTAS MÁGICAS PARA USAR EL FRACASO PARA EL ÉXITO

1. ¿Qué ha funcionado? La esencia de aprender de los errores es empezar con lo positivo. Esto establece un tono de optimismo, de posibilidad, y evita que la persona se ponga a la defensiva.

2. ¿Qué no ha funcionado? Tras explorar lo positivo, descubre otros detalles que sean relevantes. Presta atención a lo que se puede aprender del error, con naturalidad. Toma nota, pero no te obsesiones.

3. ¿Qué harás de forma diferente? Comienza a planificar tu próximo intento.

Queremos preparar a los niños para el éxito siempre que sea posible, colaborando con ellos a medida que aprenden a navegar por la vida. Adopta una mentalidad de «la práctica lleva a la perfección», prestando atención a las circunstancias en torno a los errores, con el solo fin de aprender de ellos. Evita alimentar sentimientos de insuficiencia en los niños, porque los podrían llevar a encerrarse en sí mismos. Ayúdalos a aprender de los errores y establecer nuevos comportamientos usando el fracaso para el éxito, activando sus cerebros para que estén más alertas y conscientes en las situaciones futuras.

La conclusión final para transmitir a tus hijos es: «Que cada error sea uno nuevo». Eso los ayudará a ser menos propensos a repetir los mismos tipos de errores y a reprocharse por haber cometido el primero. Es un gran mensaje para los niños, y también para nosotros.

Di no a los resultados

En un almuerzo anual de la Fundación de Mujeres de Atlanta, escuché a Jane Pauley hablar sobre su vida con trastorno bipolar. Su presentación fue pausada e intensa, a veces cruda y conmovedora, pero, en definitiva, edificante. Jane dijo: «Nadie pasa por la vida sin que tenga algo». Todos tenemos nuestras dificultades.

Con las enfermedades episódicas, las cosas mejoran por un tiempo, para luego enseñarnos nuevamente su feo rostro. La clave para cualquier condición crónica, explicó, es cómo manejarla. Es necesaria una gestión consciente, vigilante, de por vida. Y es así también para los niños complejos.

El fin justifica los medios. Hay que medir los resultados. Llegar a la línea de meta. Muchos de nosotros vivimos en una especie de cultura de la meta final. Queremos que nuestros hijos tengan éxito, un éxito que evaluamos en términos de resultados. Nuestra mentalidad «orientada hacia la solución» se centra en hacia adónde van, no en cómo llegarán allí.

Preguntamos: «¿Ha obtenido la nota máxima en el examen?», «¿Ha marcado un gol en el partido?», «¿Ha conseguido la pasantía, el puesto de trabajo, la licencia o entrar en la universidad?». La medida es el indicador del éxito: el premio, la olla de oro.

Pero alcanzar la meta no siempre ayuda a los niños a aprender a tener éxito en la vida. Podemos facilitarles que obtengan una nota alta, o utilizar nuestra influencia para que les otorguen una licencia; pero si no entienden o no pueden replicar lo que se necesita para lograr el resultado, ¿están realmente aprendiendo de la experiencia?

PROCESO, ANTES QUE RESULTADO

¿Has oído hablar del «padre quitanieves»? Es la madre o el padre que elimina todos los obstáculos que surjan, para que el niño pueda avanzar sin necesidad de superarlos.

Pero, ¿qué sucede cuando despejamos el camino para nuestros hijos sin ayudarlos a identificar los obstáculos y a aprender cómo actuar ante ellos? ¿Es eso realmente el éxito?

Para que nuestros hijos aprendan a manejar las circunstancias de su vida y su trabajo, lo que realmente importa son los *procesos*. Es como obtener un crédito parcial en un complicado problema de matemáticas; en realidad, la forma en que se resuelve es tan importante como dar con la respuesta correcta. En lugar de responsabilizar a tus hijos por un resultado, ayúdalos a ver el proceso necesario para llegar allí. Recompensa los pasos graduales, dependiendo de la edad y la capacidad de cada uno:

- En lugar de empeñarte en que complete la tarea, recompénsalo por dedicarle entre 10 y 20 minutos.
- En lugar de castigar sus arrebatos, premia su progreso en el manejo de las emociones, utilizando estrategias autocalmantes.
- En lugar de decirle que se tome un tiempo para distraerse, recompénsalo por elegir una técnica para calmarse cuando está molesto.
- En lugar de criticarlo por un texto escrito a último momento, reconócele el mérito por haber hecho un borrador de antemano.
- En lugar de llevarle a casa una solicitud de empleo, felicítalo por haber hablado con un gerente y haberle pedido trabajo.
- En lugar de enviar un correo electrónico al maestro de tu hija sin ponerla en copia, felicítala por haber hablado con el maestro al terminar la clase.

Ayuda a que las escuelas también vean la importancia de estas cuestiones:

- Asegurarse que los sistemas de recompensas en el aula se centren en el proceso, no solo en los resultados.
- Ayudar a los maestros a entender que comprender el *cómo* puede ser más relevante que conseguir que el niño haga correctamente un ejercicio de ortografía o que escriba un informe de cinco páginas.
- Concentrarse en pasos individuales (un párrafo, en lugar de una página), permitiendo que el niño experimente éxitos graduales.

Cuando evaluamos el éxito solo en términos de resultados finales, descuidamos el papel importante que juega la gestión consciente en la creación de una vida sostenible. Queremos que nuestros hijos aprendan *cómo* conseguir los resultados que desean en la vida. Cuando empiezas a usar un nuevo sistema, centra tu atención en la forma en que lo usas, en lugar del resultado final. El arraigo de rutinas toma tiempo, así que recompensa los avances que se produzcan en el camino.

Di sí a mantener las soluciones simples y flexibles

Intenta responder con la mayor honestidad posible. Tú:

- ¿Das largos sermones, pero tus hijos rara vez procesan algo de lo que dices?
- ¿Implementas sistemas detallados, y después te irritas al ver que no funcionan?
- ¿Tratas de abordar demasiadas cosas a la vez, hasta abrumar a todo el mundo?
- ¿Exiges consistencia y mientras tanto pierdes oportunidades para un aprendizaje compasivo?

Queridos amigos, no estáis solos. En los días difíciles, regañamos, engatusamos y negociamos. Hacemos cualquier cosa para sentir que estamos avanzando. Pero a veces hacemos que las cosas se vuelvan más complicadas de lo necesario, para nosotros y para ellos. Dos de mis intentos fracasados de emplear tablas de comportamiento en los primeros años de mis hijos presentaban fallos escandalosos:

- Una de las tablas enumeraba todas las tareas que mis hijos tenían que hacer, desde la mañana hasta la noche (ver el capítulo 5). Reunir los detalles en una tabla fue útil para mí. Sin embargo, mi error estuvo en mostrársela a mis hijos, esperando, además, que lo hicieran todo de forma independiente.

- El otro fallo consistía en un conjunto de expectativas increíblemente poco realistas: metas inalcanzables, tales como «hacer que las mañanas sean mejores» y «ser respetuosos» (consulta la tabla de buen comportamiento de la página siguiente). Pensé que sería sencillo, pero no lo fue. Algunos días hasta me costaba encontrar mis llaves. ¿Cómo iba a recordar chequear todos los días una lista con una docena de temas? ¿Y cómo sabrían mis hijos si estaban haciendo que las mañanas fueran mejores?

Para implementarlas con facilidad, es útil pensar que las soluciones efectivas se parecen mucho a un puente. Tienen un objetivo claro, y es necesario mantenerlas simples y flexibles, para que utilizarlas no se convierta en una cosa más en la que fallamos cada día.

Los expertos nos dicen que la consistencia es lo más importante, y nos adherimos a ella con un fervor religioso. Establecemos rutinas talladas en piedra. Nos reprochamos las incoherencias y nos juzgamos cuando nuestros hijos se desvían del plan. Los padres me suelen decir: «Sé que necesito ser más consistente, pero…».

Sin embargo, la consistencia no siempre es lo que parece ser. Si nos aferramos rígidamente a las rutinas y los procesos, podemos pasar por alto cuando un niño necesita:

- Tiempo para manejar emociones fuertes, aunque signifique llegar tarde a algún sitio.
- Ayuda para priorizar lo que es más importante, especialmente después de un largo día de clases.
- Permanecer de pie en lugar de sentarse a la mesa, cuando se siente particularmente hiperactivo a la hora de la cena.

Tabla de buen comportamiento

Comportamiento	Mañana	Tarde	Noche	Total
Seguir instrucciones				
Escuchar				
Ayudar sin que se le pida				
Respetar				
Ser amable con los otros				
Buenos modales en la mesa				
Prepararse por la mañana sin necesidad de recordatorios				
Prepararse por la noche sin necesidad de recordatorios				
Tareas en el hogar				
Tareas escolares				

Para ir al encuentro de nuestros hijos en el punto en el que están, es necesario que reconozcamos cuándo ya les hemos pedido suficiente ese día, y nos relajemos con relación al sistema. De esa manera, les damos permiso para volver a empezar más descansados el día siguiente.

La tabla que funcionó mejor para mi familia era extremadamente sencilla: una columna en blanco para cada niño. Cuando veía que estaban siendo buenos, les decía que se otorgaran sus propios puntos, que podrían utilizar para comprar cosas. De paso, también aprendieron a contar hasta cinco utilizando marcas de conteo.

Una de mis estructuras simples y flexibles favoritas era permitir que los niños eligieran lugares para realizar la tarea escolar. De pequeña, me enseñaron que los niños debían hacer la tarea sentados frente a un escritorio, con la cabeza erguida. Incluso hubo un tutor que cogió la cabeza de mi hijo y la inclinó hacia atrás. Era ridículamente rígido. Lo acepté porque no tenía idea de que hubiera una manera mejor.

Resolví permitir que mis hijos decidieran dónde hacer las tareas, con algunas negociaciones. Hicieron los deberes en fuertes, en árboles (siempre sosteniéndose con una mano), en entradas y en la cama (¡qué horror!). La forma favorita de hacer la tarea de la niña era tumbarse sobre mesa del comedor, haciendo rebotar el pie rítmicamente hacia fuera. ¿Y sabes qué? Todos hicieron sus tareas. Ese era el objetivo, ¿verdad?

Motivar a los niños a usar sistemas sin agobios ni presiones es un arte.

Entonces, ¿por qué hacerlo demasiado complicado? Adopta la simplicidad y la flexibilidad. No permitas que las estructuras rígidas de otra persona eviten que tus hijos logren sus metas.

Tabla de puntos de Taylor-Klaus

Marcas de conteo: 5 = ||||
MES:

Nombre:	Nombre:	Nombre:

Autodiálogo: Las soluciones están en los éxitos

En una ocasión, antes de comenzar a trabajar solo con adultos y padres, hice de coach para una niña de 14 años que quería que le fuera bien en la escuela pero tenía dificultades con los deberes. Estaba muy motivada por su vida social, y me mostré curiosa cuando ella me dijo que había planeado una fiesta de pijamas. Me explicó cada paso del proceso, incluso cómo ella y sus amigas reclutaron a los padres para que las llevaran a la casa de una de ellas. Describió con orgullo el éxito de su función ejecutiva.

Planificar una fiesta de pijamas puede sonar frívolo, pero una vez que la niña entendió el proceso que utilizó para llevarla a cabo, pudimos aplicarlo con éxito a la planificación de sus tareas escolares. En cuestión de minutos, tenía un plan: dibujar en una cartulina la secuencia de realización de sus tareas a fin de visualizar el proceso, y utilizarla como un recordatorio. Lo bueno es que todo fue idea de ella.

Aprovecha lo que está funcionando. La forma en que hacemos una cosa es la forma en que lo hacemos todo, así que recuerda: El éxito engendra éxito.

Cuando mi hija se obsesionó con jugar al solitario, pensé que la distraía de su tarea. Sin embargo, cuando me detuve a observar sus éxitos, me di cuenta de que jugaba para calmar sus nervios (primer año de secundaria = ¡estrés!). Ella se había dado cuenta de que ordenar cosas simples de forma lógica la ayudaba a organizar su cerebro, para que sus habilidades con el solitario se tradujeran en trabajo escolar. Jugar al solitario la ayudó a ver una nueva posibilidad y allanó el camino para que pudiera organizar visualmente la planificación de su tarea.

> Aprovecha lo que está funcionando. El modo en que hacemos una cosa es el modo en que lo hacemos todo, así que recuerda: el éxito engendra éxito.

A veces sentimos que estamos saltando, sin respiro, de una catástrofe a otra. Nos apegamos a cualquier cosa que reduzca el caos y nos ayude a sentirnos más en control. Cuando el mundo nos ofrece docenas de oportunidades para fijarnos en los errores, es tentador aprender solo de ellos. Pero a la larga resulta desmoralizador, especialmente cuando los niños se toman las cosas de forma personal y se ponen a la defensiva.

En cambio, concentrarse en lo que están haciendo bien, sin importar lo poco que sea, libera. Los hallazgos se producen cuando buscamos patrones, como un mapa del tesoro en el que podemos encontrar soluciones para resolver otros desafíos. Y el proceso resulta más edificante.

Centrarse en los éxitos de nuestros niños es otra forma de aprovechar sus fortalezas, haciéndolos sentir orgullosos y bien consigo mismos. Es mucho más probable que quieran volver a experimentar ese sentimiento, en lugar de experimentar de nuevo lo que ya saben que los hace sentir mal. Cuando los niños disfrutan del éxito, desean volver a hacerlo.

Es posible que los niños tengan dificultades en reunir lo necesario para completar sus tareas; pero si pueden reunir lo necesario para jugar al Ultimate Frisbee (algo que los motiva), ese puede ser un punto de partida.

Pregúntate: «¿Qué ha funcionado antes?». Luego aplica esos éxitos a un nuevo escenario y repite el proceso. Esta es otra razón para mantener las cosas simples. Queremos los niños vean claramente cuándo logran el éxito e identifiquen qué les ayuda a alcanzarlo.

En resumen: anima a sus hijos a concentrarse en una cosa a la vez; siéntete bien haciéndolo, aprende de ello y aplícalo a algo nuevo. Y recuerda: tus soluciones también están en tus propios éxitos. ¡Acabas de terminar la segunda parte de este libro! ¿Qué ha funcionado hasta ahora, que puedas seguir usando en otra área?

Preguntas para el autodescubrimiento

- ¿Cuándo te centraste en una solución como meta? ¿Cuál fue el resultado?
- ¿Cuándo te centraste en el proceso? ¿Qué fue diferente?
- ¿Qué problema necesita una solución en lugar de un arreglo?
- Practica fracasar para el éxito con las tres preguntas mágicas para abordar un error sencillo. ¿De qué manera te han ayudado en tu aceptación del error?
- ¿En qué procesos quieres centrarte, en lugar de centrarte en los resultados?
- ¿En qué ocasiones sueles hacer las cosas complicadas en lugar de sencillas?
- ¿En qué éxitos propios podría basarse tu hijo/hija para mejorar?

¿TE ESTÁS AHOGANDO EN UNA SOBRECARGA DE INFORMACIÓN?

Lo más seguro es que te hayas pasado meses o años utilizando un enfoque «palomitas» para manejar los problemas complejos de tu hijo. Si eres como yo, has estado saltando de una solución a otra. Has ido detrás de promesas y has comprado el aceite de serpiente.

Tal vez hayas probado un poco de todo: entrenamiento mental, terapia de conversación, terapia ocupacional, terapia visual, terapia nutricional, rehabilitación, escuelas especiales, tutoría, clases de habilidades sociales, neuro-retroalimentación, tablas de recompensas, contratos de comportamiento. La lista podría seguir y seguir. Los padres de niños complejos recorremos largas distancias, haciendo todo lo que está a nuestro alcance para ayudar a nuestros hijos.

Seamos claros: algunos de estos enfoques tienen mucho sentido como parte de una estrategia general para apoyar y tratar a niños complejos (excepto el aceite de serpiente). Ni por un minuto pretendo sugerir que estas terapias y estructuras de apoyo no sean útiles; en muchos casos, pueden ser fundamentales.

Lo que quiero subrayar es que, cuando comenzamos a probar estos soluciones antes de tener una idea clara de lo que está sucediendo y de lo que nuestros hijos necesitan, es como si compráramos libros para la universidad antes de graduarnos en la escuela intermedia.

Es esencial reducir la velocidad, tener muy presentes los desafíos que enfrenta tu hijo y crear un plan de acción gradual antes de lanzarse a buscar soluciones. No puedes saber qué está funcionando de manera efectiva si no sabes claramente lo que está tratando de mejorar y cuáles son sus opciones para hacerlo.

La crianza de los hijos con un enfoque de coach proporciona una pieza esencial del rompecabezas. Espero que dejes que el Modelo de Impacto que presento en esta sección te guíe, paso a paso, para capacitar a tu hijo para alcanzar su máximo potencial.

TERCERA PARTE
Convertir la información en acción

HACER QUE ESTO FUNCIONE EN TU VIDA

Si te has saltado las dos primeras secciones de este libro porque quieres actuar, por favor regresa a la segunda parte. Establece el objetivo antes de pasar a la acción. Una vez que hayas aprendido cómo apuntar a una situación difícil, que hayas recopilado información y trabajado con las cuatro piedras angulares, reúnete conmigo en esta página para actuar, aclarar y repetir.

Los padres me dicen: «Lo he intentado todo y nada ha funcionado». Estuve en sus zapatos durante más de una década antes de descubrir que el camino del éxito para mis hijos comenzaba con el conocimiento, no con las soluciones. Empezaba conmigo, no con ellos. Lanzarse en pos de soluciones rápidas para los síntomas de un niño es sacrificar la eficacia. Conduce a la pérdida de tiempo, a relaciones dañadas y oportunidades perdidas, mientras los niños y adolescentes se vuelven resistentes a las sugerencias y rechazan los ofrecimientos de ayuda.

Si los niños y adolescentes no adquieren conciencia de sí mismos y habilidades para autogestionarse cuando están en la escuela secundaria, es probable que no recurran a sus padres en busca de orientación cuando se enfrenten al mundo adulto.

De acuerdo con todas las principales asociaciones médicas (la Asociación Estadounidense de Pediatría y la Asociación Estadounidense de Psiquiatría, entre otras), los planes de tratamiento que emplean las mejores prácticas deben brindar apoyo y capacitación a los padres. Aún así, la mayoría de los padres:

- Carecen sistemáticamente de información sobre el tratamiento integral.
- Rara vez reciben apoyo efectivo para ayudarles a superar el caos.
- Carecen de orientación para personalizar el tratamiento y adecuarlo a las circunstancias de su familia.

Muchos proveedores de atención a padres y niños no entienden a qué se refiere el término terapia conductual, ni el alcance real de la ayuda que los padres realmente necesitan. Innumerables profesionales que trabajan con estas familias me han dicho que evitan recomendar a los padres que recurran a apoyos conductuales, porque no quieren ofenderlos y temen que no sean receptivos. Es como si un cardiólogo no le dijera a un paciente que deje de fumar, por la sencilla razón de que no cree que le vaya a hacer caso.

El viejo paradigma de que todo lo que se necesita para manejar a niños complejos es una receta para un medicamento y un carta estelar no sirve. Si queremos conducir de forma efectiva a estos niños hacia un proceso de autogestión, tenemos que entender mejor su situación, para aprender a manejarla de forma cuidadosa. Tenemos que convencerlos de que actúen en su propio beneficio.

LA HISTORIA DE KARA

Kara está molesta porque su hija no obedece sus reglas. Frustrada, le ha puesto límites en el uso de dispositivos tecnológicos. En un foro en línea, Kara escribió: «Fui una idiota al pensar que mi hija de 14 años podría utilizar un teléfono móvil inteligente con criterio. Se lo compré cuando tenía 12 años; lo necesitaba por un tema de seguridad. Ahora todo lo que hace es escabullirse para utilizarlo, desobedeciéndome. No para. Se ha pedido un teléfono plegable. Deseo tanto que sea una adolescente normal, que pueda seguir unas reglas sencillas sobre el uso del móvil. Pero sus impulsos son demasiado fuertes para ella, a esta edad. No es lo suficientemente madura para manejar el tema». Kara está imponiendo reglas sin la colaboración de su hija, que no ve ninguna razón para seguir sus normas. Cuando Kara entienda que no es «fácil» para su hija y trabaje junto a ella para encontrar una solución efectiva, su hija podrá encontrar la motivación para intentar moderar su impulsividad. Mientras Kara sea la única que quiere que algo cambie, es probable que siga decepcionada.

El problema: «Deseo tanto que ella sea una adolescente normal, que pueda seguir unas reglas sencillas sobre el uso del móvil. Pero sus impulsos son demasiado fuertes para ella, a esta edad. No es lo suficientemente madura para manejarlo».

11

«Debe ser capaz de hacerlo por su cuenta»

Fomentar la autonomía de forma gradual, y luego de una vez

«Todos tenemos la tendencia de correr hacia el futuro o regresar al pasado, buscando la felicidad en otra parte.»

THICH NHAT HANH

Resolver sus problemas sin él (o ella)

Supongamos que Kara hubiera establecido una regla razonable para su hija, por ejemplo: «Solo puedes usar el móvil después de que hayas acabado la tarea». Esta sería, probablemente, la manera en que habrían ido las cosas.

- A Kara no le gustaba la forma en que su hija usaba su móvil, por lo que estableció una regla.

- Kara le explicó la regla a su hija.
- Su hija la «desobedeció».
- Kara se sintió frustrada y comentó en Facebook: «El móvil se ha acabado».
- Kara le dijo a su hija que ya no podría usar el móvil, porque se había mostrado incapaz de seguir una regla sencilla.
- Su hija se puso histérica, sintiéndose incomprendida.

Lo más probable es que la hija de Kara no entienda por qué su madre está haciendo del asunto del móvil un gran problema; piensa que su madre no es razonable, que quiere obligarla a que haga las cosas a su manera; en el fondo, siente que su madre no cree en ella. Tanto Kara como su hija se sienten impotentes.

Todos somos culpables de crear estas situaciones a veces, incluida yo misma. Decidimos lo que es importante para nuestros hijos, y luego queremos aplicar soluciones sin su participación activa. Al sentirse sin voz e impotentes, los chicos se cierran, se enfadan, se ponen a la defensiva.

No nos gusta que nos impongan reglas y, sin embargo, se lo hacemos a nuestros hijos. Es posible que tu hijo no esté gestionando correctamene su higiene, sus quehaceres o sus tareas escolares; que no se desempeñe bien en clase ni se relaciones apropiadamente con amigos; que no limpie su habitación, no haga su tarea o no la complete. Sin embargo, el problema no es que tu hijo no esté haciendo estas cosas. El verdadero problema es que tú quieres que las haga, y en realidad todavía no las ves como una responsabilidad *suya*.

Piensas que tu hijo tiene un problema, *piensas* que es necesario que lo encare y *piensas* que sabes qué hacer para que lo haga. Entonces, decides ayudarlo a «aprender» a hacerlo. Así es como suele desarrollarse esta historia:

- Ves lo que necesita hacer y cómo debería hacerlo.
- Lo diriges o lo convences para que lo haga.
- Le dices cuál es el sistema que debe utilizar.
- Él no lo utiliza.
- Tú te sientes frustrada.
- Te quejas, amenazas o le das un ultimátum.
- Vuelves a empezar todo de nuevo.

Es difícil para muchos de nosotros aceptar que nuestros hijos no ven lo que sea que creamos que debe mejorar como un problema. El problema *para él* es que tú pienses que tiene un problema (y que quieres que se solucione a *tu* manera).

Kara ve el teléfono móvil como un problema, y quiere que su hija cambie sus hábitos de la manera que ella piensa que debe hacerlo. La hija de Kara ve el problema de otra manera: su madre está tratando de controlarla. Si bien Kara puede estar cien por cien en lo cierto, necesita involucrar a su hija en el proceso para que la dinámica cambie.

¿DE QUIÉN ES LA AGENDA Y LA SOLUCIÓN?

A menudo resulta contraproducente indicar a los niños, especialmente a los de más edad, que hagan cosas básicas como la tarea, ducharse o comer correctamente. Como resultado, los niños se desesperarán tanto por el control que tirarán piedras a su propio tejado. Incluso si para ellos tiene sentido estudiar para aprobar el semestre, ducharse o desayunar antes de ir a clase, no lo harán, solo porque *tú* quieres que lo hagan.

Los niños generalmente no están motivados para hacer cosas porque es «bueno» para ellos o porque «deberían». Necesitan una razón propia para cambiar su comportamiento, una razón que los impulse a ser parte de la solución, y que no los hagan sentir que ellos *son* el problema. El cambio tiene que ser parte de su agenda de alguna forma o tener la suficiente aceptación para que encuentren la motivación. Si se trata únicamente de tu agenda o tu solución, probablemente no estés preparando a nadie para el éxito.

¿Crees que tu hijo de 9 años te diría «Oye, papá, me ducharé yo solo para que puedas ocuparte de otras cosas»? Es poco probable. Pero si tuviera una razón para hacer el esfuerzo, como ganar unos minutos adicionales de lectura a la hora de acostarse, podría estar dispuesto a trabajar contigo para que esto suceda.

Perspectiva de coach: Una agenda colaborativa

Diana, madre de un joven de 19 años, dice: «Hemos aprendido mucho. Sobre todo, que el 90 % de los problemas fueron provocados por nosotros, no por nuestro hijo. Tuvimos que entender cómo ayudarlo a aprender a hacer las cosas con las que tenía problemas. Ahora, es él quien dirige todo el proceso».

Seguramente, al final de tu vida, no querrás haber sido la principal experta en tu hijo. Lo que querrías es saber que le convertiste en el principal experto en sí mismo. Ahí es donde entra la agenda colaborativa. Tu hijo necesita que lo ayudes a resolver sus propios asuntos, y, para que eso ocurra, es más efectivo que te vea como un apoyo, no un obstáculo. A medida que transfieras gradualmente tu conocimiento a tu hijo, se irá afirmando su confianza en su propia capacidad de conocerse a sí mismo, quizás mejor de lo que lo conoces tú (incluso si aún no está preparado).

Si fuera emperatriz por un día, redefiniría oficialmente la crianza de los niños de esta manera:

Crianza (sustantivo): Actividad que consiste en colaborar de forma compasiva con un niño o una niña a fin de que desarrolle habilidades efectivas para resolver problemas, preparándole para que alcance el mayor grado posible de independencia en la edad adulta.

Queremos que nuestros hijos sientan que estamos juntos en esto, que estamos en su equipo; que los respaldamos, compartiendo el objetivo de su éxito y su felicidad. En sus trabajos, el doctor Ross Greene enfatiza que la colaboración es clave para ayudar a los niños a tomar posesión de sus vidas y asumir sus responsabilidades. Es fundamental enseñarles habilidades para resolver problemas, en lugar de sentir que ellos son los problemas que debemos resolver. «¿Por qué el poder no funciona?», preguntó Greene en su presentación en el simposio de 2019. «El poder genera conflicto. En cambio, la colaboración une a las personas.»

Tras años de dirigir a los hijos en su vida, adoptar un enfoque colaborativo puede ser un cambio difícil de implementar, porque requiere:

- La paciencia de Job y la resistencia de un corredor de maratón.
- Renunciar a nuestra propia agenda y apoyar a los hijos en la suya.
- Dejar que hagan las cosas a su manera y reconocerles sus éxitos, mientras los guías para que aprendan de sus errores.

Con un enfoque colaborativo, ayudas a los niños a establecer metas y trabajar para lograrlas, en lugar de decirles cuáles deberían ser sus objetivos. Les ayudas a descubrir lo que es importante para ellos, para que puedan encontrar una buena razón para compartir su agenda, una razón más válida que «porque yo lo digo».

Animar a los niños a hacer las cosas por ellos mismos, no por ti, los empodera. Aprender, tener buenas calificaciones, hacer amigos, ser amable. Incluso limpiar los platos de la cena (¡Sé que es mucho pedir!). Estos son, en última instancia, *sus* trabajos, no algo que deban hacer solo complacer a los padres. ¿Quieres que tu hijo haga la tarea porque él cree que es importante, o porque tú le dices que lo haga? ¿Que se mantenga alejado de las drogas porque quiere mantenerse sano, o para que no que no te cause problemas?

Alrededor de la pubertad, a tu hijo ya no le motivará hacer las cosas solo para complacerte. En cambio, siempre estará motivado por lo que quiera para sí mismo.

Esa motivación dura toda la vida. Entonces, si deseas que tu hijo se convierta en un adulto independiente, comienza a darles autonomía y control de forma gradual, mucho antes de que llegue a la edad adulta. Ayúdale a ver de qué es responsable, en lugar de ver todo lo que hace como un favor para ti.

Animar a los niños a hacer las cosas por ellos mismos, no por ti, los empodera.

- Si tu hijo aún necesita que estés en la fase 2 de crianza (capítulo 4), empieza a colaborar con él consiguiendo su visto bueno y dándole voz acerca de cómo (o cuándo) hará algo.
- Si tu hijo está preparado para que estés en la fase 3 de crianza, dale autonomía, empodéralo para que asuma responsabilidades y ofrécele apoyo según sea necesario.

La colaboración está relacionada con las responsabilidades compartidas y el fomento de la independencia; en última instancia, se trata de ayudar a los niños a convertirse en seres humanos estupendos que estarán motivados para «hacer lo correcto» en la vida, como estar dispuestos a cuidar de ti cuando seas viejo (¿No lo queremos todos?).

LAS CUATRO FASES DEL EMPODERAMIENTO

Repaso rápido (ver el capítulo 4)

Fase 1: Motivar el esfuerzo y dirigir el trabajo. La agenda del niño está en manos de sus padres, que proporcionan la motivación adecuada. Los padres pueden quedarse atrapados en esta fase porque les resulta familiar, o porque temen que las cosas no se hagan.

Fase 2: Fomentar la responsabilidad y desarrollar las habilidades de organización. Alentar al niño para que trabaje contigo en la planificación. Guiarlo a través de actividades que impliquen resolución de problemas y toma de decisiones. Cuando no se está seguro, la fase 2 es un buen lugar para comenzar.

Fase 3: Transferir la responsabilidad y respaldar la organización. Pasar a desempeñar una función de apoyo. Solicitar permiso para hacer sugerencias y ofrecer consejos; empoderar al adolescente para que alcance la autodeterminación y tome las riendas de su propia vida .

Fase 4: Empoderar, promover, y solucionar problemas. Alentar a tu hijo adulto y ofrecerle apoyo para resolver problemas cuando sea necesario. Pasar gradualmente a una relación adulta con tu hijo, teniendo presente que el desarrollo del cerebro no se completa hasta alrededor de los 25 años de edad.

Estrategia: Conseguir el consentimiento

Cuando mis hijos eran pequeños y querían quedarse despiertos hasta tarde por algún motivo, mi esposo lo llamaba «estilo de vida rock-n-roll». En lugar de decir que no, hablábamos sobre nuestras expectativas, por ejemplo que esperábamos que no se despertaran malhumorados, o que en lugar de ducharse antes de irse a la cama lo hicieran a la mañana siguiente. Éramos transparentes acerca de las dificultades, negociábamos la decisión y establecíamos expectativas claras. No siempre dijimos que sí, pero, cuando lo hicimos, nuestros hijos tenían que aceptar auténticamente las condiciones del trato.

«¿Estilo de vida rock-n-roll esta noche?», preguntábamos.

«Estilo de vida rock-n-roll», asentían.

«¿Nos damos un apretón de manos?», preguntábamos.

¡Era tan divertido cuando no solo sacudían las manos, sino todo el cuerpo!

Era una estupenda estrategia para obtener acuerdo. No solo nos ahorró toneladas de estrés, sino que los niños aprendieron que en la vida hay que negociar. Para conseguir lo que querían, debían hacer algunos acuerdos y entender las consecuencias naturales; después, hablábamos sobre cómo había ido todo y si se podría repetir.

Seguimos usando la idea de «estilo de vida rock-n-roll» a día de hoy, porque es una estructura muy útil para establecer expectativas claras y prepararse para algo que probablemente sea estresante. Una mañana, muy temprano, ¡llegué a oír a mi esposo diciéndose a sí mismo «estilo de vida rock-n-roll» frente al espejo!

Guiar a las personas para que se hagan dueños de sus vidas es el eje de un enfoque colaborativo. Este cambio comienza a fluir naturalmente cuando tu hijo está a cargo de la agenda (fase 3 de crianza), pero durante gran parte de nuestro tiempo como padres, nuestros hijos no están preparados para ello. Durante muchos años, necesitarán que ejerzamos nuestra función de padres, para pasar a la fase 2, confiando en que lograremos su visto bueno para probar cosas, modificarlas e intentarlo de nuevo.

A veces ganamos el visto bueno a través de factores externos como recompensas, nuevos intereses o experiencias. Y la aceptación es aún más poderosa cuando está basada en motivadores intrínsecos, como un sentimiento de orgullo por un logro o un éxito. Si es «dueño» de algo, es más probable que quiera hacerlo (o hacerlo bien), y estará dispuesto a trabajar en ello. Si crees que lo estás haciendo por otra persona, ¿por qué molestarte? Si la aceptación está ausente, los niños no tendrán ningún interés en una tarea. Los motivadores externos pueden ayudarlos a hacer algo a corto plazo; sin embargo, son los motivadores internos los que los llevan a repetir algo hasta hacerlo bien, a largo plazo.

Mi hijo tiende a desentenderse cuando no le ha dado el consentimiento a algo; durante años, le repetí la frase «Cualquier cosa que valga la pena hacer, vale la pena hacerla bien», con la esperanza de plantar una semilla para cuando fuera mayor. Durante un verano en el que fue consejero de campamento, la semilla dio sus frutos: compartió el mensaje con sus campistas. Me contó que no esperaba que hiciera una gran diferencia, pero pensaba que quizás les ayudaría en el futuro, cuando hubiera algo que realmente les importara. Aprecié el recordatorio de que, incluso en un campamento, los niños no se involucrarán si no han dado realmente el consentimiento a una propuesta.

Esperar obediencia ciega no fomenta la independencia; el trabajo en equipo con su aceptación sí lo hace.

El visto bueno es esencial para una acción eficaz. Los niños necesitan tener una razón para hacer lo que se les pide. Si a tu hijo no le importa lo suficiente, dará lo mismo lo bueno que sea un sistema. Antes de poner en marcha cualquier acción, asegúrate de que tu hijo realmente tenga la intención de usar el plan en el que estáis trabajando juntos. Esto vale también para otros miembros de la familia.

Si tu hijo está convencido, pero tu cónyuge o un hermano de él se muestra desdeñoso, todo puede salir mal. Averigua qué beneficio reportará la acción para todos.

El objetivo final de la crianza de los hijos es ayudarles a ser adultos independientes y capaces, que lleven adelante activamente sus propias vidas. Esperar obediencia ciega no fomenta la independencia; el trabajo en equipo con su aceptación *sí lo hace*.

Di no al control

Más allá de los estereotipos de «padres helicóptero», que lo hacen todo y dan órdenes a todos a su alrededor, el control puede darse de maneras sutiles. Como padres, nos volvemos tan expertos en dirigir y controlar cada matiz de la vida de los niños que no nos damos cuenta de que lo estamos haciendo. Es casi como si se tratara de un riesgo laboral.

Pero nuestra necesidad de control está reñida con la creciente necesidad de autonomía de nuestros hijos. Cuando nos quedamos atascados en el modo de control, saboteamos su independencia de diferentes maneras:

- Cuando exigimos que las cosas se hagan según nuestra agenda, sin explorar lo que es importante para nuestros niños.
- Cuando controlamos incluso las pequeñas cosas, evitando que nuestros hijos aprendan a tomar decisiones.
- Cuando no buscamos que den su consentimiento a una meta o solución.
- Cuando dejamos crecer el resentimiento (el de ellos y el nuestro), con lo que acabamos por hacer que su resistencia sea justificada.

Una de las formas más insidiosas en que controlamos a nuestros hijos es a través del lenguaje. Porque, ya sean positivas o negativas, nuestras palabras son poderosas.

CINCO MANERAS DE CUIDAR TU LENGUA

1. **Cambia la forma en que hablas de tus hijos.** Cuando nos referimos a nuestro hijo como «perezoso» o «grosero», no solo influimos en cómo otros interpretan sus comportamientos, sino en cómo lo hacemos nosotros mismos. Cuando hables de tu hijo o hija, elige términos que no impliquen prejuicios, ya sea para mantener tu atención puesta en lo positivo, ¡como también para que no te escuche desde la otra habitación!

2. **Cambia el lenguaje cuando te diriges a tus hijos.** Muchos niños toman las cosas de forma literal (especialmente los más pequeños, así como los niños con trastornos del espectro autista o problemas en el procesamiento del lenguaje). Los absolutos, como « nunca» y «siempre », conducen inadvertidamente a la pérdida de confianza.

3. **Cuidado con el lenguaje que socava la responsabilidad y la aceptación.** Expresiones como «porque yo lo digo» y «es por tu bien» implican, sin que te des cuenta, que lo que debería ser responsabilidad de ellos es en realidad parte de *tu* agenda. Por ejemplo:

- «*Necesito* que empieces a hacer tu tarea». ¿De quién es la agenda?
- «¿*Qué tenemos* de tarea esta noche?» ¿De quién es la tarea?
- «¿*Puedes hacerme el favor* de hacer tus deberes? ¿Sus deberes son un favor para ti?

4. **Empoderar a los niños, animándoles a estar orgullosos de sí mismos,** en lugar de decirles lo orgullosa que estás tú. Ayúdales a sentirse bien por ellos mismos, no solo para complacerte.

5. **Usa palabras en código para aprender a soltar el control** y apoyar la autorregulación emocional. Las palabras en código, como una contraseña o una abreviatura, sirven para comunicarse de manera rápida y breve. La palabra en código que la mayoría de los estadounidenses conocemos es «tío», un palabra que decimos cuando ya hemos tenido suficiente. Colabora con tu hijo para crear palabras en código que señalen un comportamiento a mejorar. Consigue su consentimiento, dejando que sea él o ella quien elija la palabra.

Cómo hacer que las palabras en código funcionen

- Discutid la idea de las palabras en código y llegar a un acuerdo para probar una.
- Elegid de común acuerdo un comportamiento a cambiar. Comienza por lo simple, evitando las situaciones más explosivas. Asegúrate de que tu hija también quiera que haya cambios.
- Deja que tu hija/hijo elige la palabra que usará (está bien que sea ridícula).
- Identifica situaciones en las que podría ser útil. Estableced quién lo usará, y por qué motivos. Acordad lo que sucederá cuando se use.
- Practica con algún juego de roles o simplemente habla sobre cómo podría funcionar. Diviértete y no dejes que se convierta en una tarea.
- Acuerda un tiempo de prueba. ¿Tres días? ¿Una semana?

- Revisa y modifica según sea necesario («Nunca la uses cuando estoy en el baño, mamá; si lo haces no funcionará»). Permite que tu hija te ayude a «fracasar para el éxito». Aprende de lo que funciona y de lo que no.

Como muestra, aquí hay algunas palabras en código que usamos en nuestra familia:

- **Helado de brócoli:** Alguien está perdiendo la capacidad de sobrellevar la situación porque tiene hambre. ¡Detén todo y consigue algo de comer!
- **Chicle:** «Prepárate, porque puede que no te guste lo que estoy a punto de decírte. Sin embargo, tengo que decírtelo, ¿de acuerdo? Hazme saber cuando estés preparado, para que yo continúe».
- **Para:** «Esto es divertido hasta que alguien sale lastimado, así que mejor paremos ahora, porque estoy a punto de perder el control y no quiero que mamá no nos deje seguir jugando».
- **Cuerda:** «Alejaos todos. Me estoy esforzando mucho para no perder la calma».
- **No provoques al oso:** «Deja a tu hermano en paz, porque no es el momento».
- **Haz listo el tonto:** Sé que tomarás tus propias decisiones, y puede que no esté de acuerdo con lo que vas a hacer; mejor piénsalo un poco más y asegúrate de que no te arrepentirás.

Di sí a la conexión con RECO-E (Reconocimiento, Compasión–Explorar)

Es difícil saber cuándo estamos en el camino apropiado. Los padres me preguntan con frecuencia «¿Estoy haciendo lo correcto?». Queremos estar tranquilos, saber que estamos tomando buenas decisiones para ayudar a nuestros hijos a ser independientes. Necesitamos reconocimiento y compasión para recorrer el difícil camino en el que estamos. Y nuestros hijos también.

¿Recuerdas cuando eran pequeños y te miraban después de haberse caído, para ver si se habían hecho daño? Ahora ocurre algo similar. Hay muchos contratiempos en la vida de los niños complejos; a pesar de todo, esperan que los beses y los ayudes a mejorar. Necesitan poder confiar en su conexión contigo. Quieren sentirse comprendidos, escuchados, saber que estás atenta a lo que les pasa y que sabes que su dolor es real. Como dice mi marido, David Taylor-Klaus: «Ser escuchado se parece tanto a ser amado, que la gente apenas puede diferenciarlo».

En su video *The Difference Between Sympathy and Empathy*[13], Brené Brown explica la investigación de Teresa Wiseman sobre las cuatro cualidades de la empatía que «impulsan la conexión» con nuestros hijos:

1. Tomar perspectiva.
2. Abstenerse de juzgar.
3. Reconocer la emoción en otras personas.
4. Comunicar esa emoción.

Dice Brown: «¿Qué es la empatía? ¿Y por qué es muy diferente de la simpatía? La empatía alimenta la conexión. La simpatía impulsa la desconexión». Para los niños complejos, la conexión es fundamental. Como mis hijos me han dicho una y otra vez, «Mamá, a veces solo necesito que me digas "mi pobre niño"».

Cuando estamos conectados con nuestros hijos, podemos relacionarnos con ellos, enseñarles, apoyarlos, empoderarlos y, en última instancia, guiarlos hacia la independencia y el éxito. Cuando estamos

---

13. La diferencia entre simpatía y empatía (N. del T.).

desconectados, nos hacen a un lado, cerrando la puerta a la comunicación abierta (cuando no cerrándonosla en la cara). Cuando dejan de escucharnos, es como si nos golpeáramos la cabeza contra esa puerta, frustrados, asustados, y sin idea de qué hacer para que la vuelvan a abrir. El método RECO-E te ayuda a comunicarte con conexión.

Reconocimiento + Compasión = Empatía

Reconocimiento: Explica a tu hijo lo que le está pasando, para que pueda reconocerlo. Se sentirá escuchado en lugar de «equivocado».

«Supongo que habías subido sobre el mostrador porque habías olvidado que no debías hacerlo. ¿Es así?»

«Cuando la mochila de tu hermana te ha golpeado, te ha pillado por sorpresa. Supongo que al sentirte golpeado, tu instinto fue devolver el golpe. Estoy segura de que no has tenido la intención de hacerle daño.»

«Cuando te he pedido que sacaras la basura, me he preguntado si me habías escuchado, o si habías advertido que te estaba pidiendo que hicieras algo.»

Compasión: Demuéstrale que sabes cómo se siente cometer un error, o que te pidan que hagas algo que no quieres hacer. Como bonificación, utiliza el humor.

«Cuando estoy realmente emocionada por algo, también me cuesta controlarme.»

«Cuando me asusto, también me pongo nerviosa, y a veces no puedo controlarme ¿Recuerdas cuando vi la cucaracha?»

«Cuando estoy concentrado en algo, a veces no me doy cuenta de que alguien me está hablando.»

Nota: Es conveniente hacer una pausa después de RE (Reconocimiento) y CO (Compasión). Tal vez incluso repetirlos varias veces. Cuando todos estén preparados, pasad a E (Explorar).

Explorar: Piensa de qué manera podría manejar las cosas de manera diferente en el futuro; negocia un compromiso, o crea una palabra en código. Permite que tu hijo recupere la sensación de control. Si notas que se enfada, vuelve a RE y CO.

«Cuando quieras coger algo que está en un lugar alto, ¿pedirás ayuda o usarás un taburete? ¿Qué podría servirte de recordatorio de que no debes trepar sobre los muebles?»

«Cuando te sobresaltas puedes hacer daño a las personas, a pesar de que no es tu intención. Pensemos en cómo podrías hacer para responder de otra manera cuando te sobresaltes. Sé que quieres a tu hermana. Asegúrate de que está bien, pídele disculpas y luego propón nuevas ideas. ¿Te parece bien?»

«Cuando estás hiperconcentrado, es como si el resto del mundo no existiera. Trataré de llamar tu atención antes de pedirte que hagas algo, ¿de acuerdo? ¿Te parece que te toque el hombro o que pida que me prestes atención?»

Autodiálogo: Pregunta, no digas

Cuando mi hija decidió no ir al baile del instituto en el último minuto, mi esposo la cuestionó sobre la decisión que estaba tomando.

Frustrada, ella le dijo: «No necesito un coach, lo que necesito ahora es un padre».

Su papá le dijo con una sonrisa: «Sube al coche, irás al baile».

«Tomaré el autobús», respondió ella. Finalmente no fue al baile, pero entendió sus razones para tomar esa decisión y manejó bien el tema de sus amistades del instituto, todo ello con todo nuestro apoyo. ¿Habríamos preferido que fuese al baile? En realidad sí. Pero ella es un ser independiente, con sus propias lecciones que aprender. En lugar de insistir en lo que pensábamos que debería hacer, la guiamos para que tomara una decisión consciente y ponderada sobre lo que realmente quería. ¿Podríamos haberla hecho ir al baile? Seguramente. Pero, ¿qué habríamos logrado con eso? Algunas veces nos obsesionamos tanto con enseñarles a nuestros hijos lo que *nosotros* queremos que aprendan, que nos convertimos en un obstáculo en *su* proceso de aprendizaje.

A medida que crecen, debemos hacer caso a Sócrates y pasar de decir a preguntar. Cuando les preguntamos, los niños aprenden a descubrir sus propias respuestas. Evitemos el «te lo dije», empoderándolos para procesar información por sí mismos, animándolos a desarrollar las habilidades resolutivas, aprender de las experiencias y practicar la toma de decisiones.

Es posible que estés «diciendo» demasiado, si te pillas empezando las frases con:

- «He tratado de decirle que…»
- «Ya te he explicado que…»
- «Le dije que…»
- «Es muy importante que…»
- «Necesito que entiendas que…»
- «Le he hecho una lista, pero él…»
- «Solo tengo unos pocos años antes de que…»
- «No está bien que ella…»

Hacer preguntas es fundamental para el coaching. No interrogatorios, sino preguntas abiertas. Preguntas que generalmente no se responden con un sí o un no. En lugar de decirles lo que deben hacer o sentir, las preguntas guían a las personas a pensar en *lo que podrían hacer*, o en qué es *lo que realmente sienten*.

Las preguntas son una invitación, una bienvenida de una persona a otra. El mensaje que le transmiten es: «Lo que piensas, dices o sientes realmente me importa». Por supuesto, que recordemos escuchar las respuestas ayuda.

> Nos obsesionamos tanto con enseñarles lo que *nosotros queremos* que aprendan, que nos interponemos en su camino de aprendizaje de lo que *ellos necesitan* aprender.

Cuando la mayor parte de nuestra comunicación con nuestros hijos va en una dirección —cuando estamos constantemente tratando de enseñarles, decirles o convencerles— la comunicación se vuelve imposible. Llega un momento en el que dejan de escuchar por completo. ¿En verdad podemos culparles? Es humano resistirse a sentirse controlado.

Recordemos que cuando los niños pequeños quieren hacer las cosas por sí mismos, mostramos admiración y orgullo ante su autodeterminación. Los involucramos en la toma de decisiones, dándoles opciones para evitar conflictos.

A medida que se tornan mayores, más importante se vuelve esa práctica. Sin embargo, por alguna razón, los sermoneamos más y les damos menos opciones. Ellos dejan de hacer las cosas solo por complacernos, lo cual es conveniente para su desarrollo; es un indicativo de que están desarrollando un saludable sentido de identidad. Pero nosotros lo interpretamos como un problema en lugar de una oportunidad.

> Ayuda a tu hijo a empezar a ver el éxito como su responsabilidad.

«Pero si no está haciendo lo que se supone que debe hacer... ¿Acaso no tengo que asegurarme de que lo haga, o de que aprenda a hacerlo?», te preguntas. El objetivo es comunicarte de tal manera que tu hijo realmente reciba la información que le brindas y esté dispuesto a utilizarla.

Es nuestro trabajo encontrar los momentos apropiados para educar a nuestros hijos. Queremos prepararlos para entrar al mundo de los adultos, criarlos con nuestros valores y asegurarnos de que aprenden de nuestras experiencias. Como verás, no estoy sugiriendo que dejes de dar instrucciones o de enseñar a tu hijo.

La oportunidad es ayudarlo a comenzar a ver el éxito como su responsabilidad. Piensa en preguntas que lo ayuden a concentrarse en el siguiente paso. Podría no elegir el camino que tú consideras mejor (como ir al baile de la escuela); sin embargo, a medida que responda a tus preguntas, desarrollará su propia agenda y se hará dueño de su vida.

Preguntas para el autodescubrimiento

- ¿Cuándo estás tratando de resolver tus propios problemas, no los de tu hijo?
- ¿De qué manera estás adoptando un enfoque colaborativo?
- ¿Qué te ayuda a obtener el consentimiento de tus hijos?
- ¿Qué es lo que insistes en tratar de controlar? Podrías escribir un diario acerca del tema, por un tiempo.
- ¿En qué situaciones te imaginas que usar RECO-E podría ser útil para ti? ¿De qué manera podría ser útil para tu hijo?
- ¿Qué tan cómoda te sientes haciendo preguntas abiertas?

MI HISTORIA

Empecé a practicar coaching cuando mi hijo menor tenía 6 años. Afortunadamente, cuando a los 9 años su intensidad emocional alcanzó su punto máximo, yo había aprendido a priorizar su salud emocional por sobre mi necesidad de que me «obedeciera». Mientras practicaba todas las tácticas, estrategias y conceptos ofrecidos en este libro, navegamos juntos sus tormentas emocionales, y llegamos, de forma gradual, a una especie de distensión. Para cuando entró a la escuela secundaria, las crisis habían dado paso a una relación maravillosamente fuerte, en parte gracias a sus excepcionales habilidades de comunicación. A los 18, me envió un mensaje de texto informándome que había tenido un accidente automovilístico, que recibí justo cuando estaba entrando en una reunión de coaching. Me reí a carcajadas, luego respiré hondo, apagué mi teléfono y confié en que tenía las cosas bajo control. El texto decía: «La policía está en camino. Ha sido totalmente culpa de ella. Pero ahora se siente muy apenada, así que estoy siendo superamigable. Ella dice que este es "el accidente automovilístico más escalofriante de la historia". Yo me lo estoy pasando bien». Más tarde explicó: «Cuando apareció el policía, bajé el volumen de la música y le dije que ella me había hecho una caricia. Él se rio. De hecho, a la única que no pude hacer reír fue a la mujer que nos chocó. Se sentía tan mal por lo ocurrido que me dio pena».

Conclusión: Mantén el rumbo, usa las estrategias y confía en el proceso. Tu niño puede convertirse en el extraordinario joven adulto que está destinado a ser. Lo conducirás hasta allí manteniéndote a su lado y avanzando junto a él.

12

«¿Cómo sé si está funcionando?»

Integrarlo todo

«Necesitamos encontrar las muchas pequeñas alegrías que la vida nos ofrece y ayudarlas a crecer.»

THICH NHAT HANH

Incluso los padres conscientes se quedan atrapados

Imagina que asistes a un circo y un payaso te elige entre la multitud para que participes en un acto. Tú dudas. ¿Subirme a una cuerda floja? Él te susurra: «La barra está amañada para mantenerte equilibrada. Estarás segura». Aceptas a regañadientes. Después de todo, es solo una actuación, hay una red de seguridad, y el público te está animando, ruidosamente, para que lo hagas.

La crianza de los hijos se parece mucho a eso. Parece algo ridículamente arriesgado y, al mismo tiempo, razonablemente seguro.

Ser padre de un niño complejo también es así, con un matiz. Estás yendo bien y luego, de repente, observas con incredulidad que el público se va retirando en silencio, y la carpa y los artistas del circo desaparecen. Tienes miedo de mirar hacia abajo para ver si todavía hay una red. Crees que estás solo en ese cable en lo alto, en el medio de la gran carpa, cuando te das cuenta con horror que tu hijo está sobre tus hombros. La única red de seguridad para tu hijo eres tú.

Antes de que todo cambiara, rodeada de aliento y confianza pensabas que estabas viviendo una aventura razonablemente segura. Ahora te sientes varada, obligada a encontrar un lugar de aterrizaje seguro para tu hijo. Sientes que ya no tienes elección. Estás allí, en el cable: atrapada, aterrorizada, sintiéndote al mismo tiempo responsable e irresponsable. Tu misión, en este momento, es ponerte a ti y a tu hijo de nuevo a salvo. Cómo hacerlo, sin embargo, es complicado.

- Al principio, entras en pánico y clamas ayuda; pero eso te desequilibra, por lo que haces algunas respiraciones profundas, recuperando tu centro.
- A continuación, comienzas a avanzar poco a poco hacia el lugar de aterrizaje más cercano, consciente de la necesidad de moverte de forma dolorosamente lenta. Cuando sientes que te tambaleas, te detienes. En ese momento parece una buena idea.
- Pero ahora estás paralizada, porque solo sabes una cosa con certeza: no estás dispuesta a hacer nada que no vaya a ayudar. Te quedas allí, congelada.
- Desesperada por llegar a un lugar seguro, intentas en la otra dirección. Otra vez tambaleas y te detienes, frustrada. ¿Ahora qué?
- Te das cuenta de que estás avergonzada, incluso mortificada. ¿Cómo te has metido en esta situación? No quieres necesitar ayuda, pero la necesitas.
- Por fin, sacas lentamente tu móvil y llamas al número de Emergencias. El departamento de bomberos trae una escalera muy alta, extiende una red debajo de ti y te lleva hacia la seguridad.

- Cuando termina el calvario, te sientes como un superhombre o una supermujer. Tu hijo sabe que estarás disponible para él en cada tramo del camino; que tú lo rescatarás siempre que haga falta. Él lo sabe, ¡y tú también!
- De repente estás de vuelta en el circo, rodeada de espectadores que te animan. Ya no estáis en la cuerda floja sino a salvo en el suelo, montados en un carro de payasos, disfrutando con las risas y pasándolo bien nuevamente.

Los padres de niños complejos lo intentamos todo, una y otra vez. Algunos entramos en pánico. Algunos buscamos ayuda al azar, sin un plan. Otros intentamos cosas diferentes porque las tenemos justo delante y nos da la impresión de que deberían funcionar (incluso cuando está claro que no). O no hacemos nada porque estamos mortificados, o porque no sabemos qué hacer. Nos sentimos atrapados, porque el miedo al cambio es mayor que el miedo de dejar las cosas tal como están, aunque lo que estemos haciendo no funcione.

Hice todo eso durante una docena de años. Como un juego de pinball, reboté de un especialista a otro, pidiendo ayuda a gritos en el vacío. Tenía mucho miedo. Dejé que sometieran a mi hijo a todas las terapias imaginables, tratando de arreglar todo lo que podía. Por momentos me sentí paralizada. Perdí varias oportunidades de ayudarlo a aprender, porque estaba haciendo todo lo posible para «arreglarlo».

Me llevó mucho tiempo obtener la ayuda que realmente necesitaba, ayuda que me dirigiera hacia la verdad más importante de todas: mi hijo solo necesitaba confiar en que yo estaba a cargo y que lo resolvería. Por cierto, ¡prefiero un paseo en un carro de payasos a andar en la cuerda floja!

El cambio real ocurre cuando nos libramos de la resistencia, de la vergüenza, o de lo que sea que nos esté deteniendo, y pedimos y aceptamos la ayuda que necesitamos. Puede que no sea sencillo ni relajado. Ciertamente no es lo que esperábamos cuando decidimos tener hijos. Pero el cambio tiene lugar cuando estás dispuesto a exponerte a la vista de todos, si es necesario, y pedir ayuda, para finalmente descubrir que la respuesta estaba dentro de ti todo el tiempo: Confiar en ti misma.

Perspectiva de coach: El progreso en lugar de la perfección (Aclarar y Repetir)

Durante las vacaciones de verano, mi hijo estaba en compañía de amigos. Accedió a dejar limpia la sala de estar para que yo la utilizara a la mañana siguiente, asegurándome que no necesitaba que se lo recordara. La mañana siguiente, al ver que el salón no estaba limpio, lo desperté. «Lamento mucho tener que despertarte, cariño. Sé que quieres seguir durmiendo, pero teníamos un trato. El salón estaría limpio esta mañana, y no es así. Por favor, levántate y limpia lo que dejasteis anoche». Rezongó, murmurando algo acerca de hacerlo más tarde. Me mantuve compasiva y firme al mismo tiempo. «Sé que no te apetece en absoluto. Pero por favor, ve a limpiar el salón ahora mismo. Mis amigos están a punto de llegar.»

¿Estaba feliz por tener que hacerlo? No, claro que no. ¿Estaba gruñón mientras lo hacía? Sí, aunque sin llegar a la grosería. Después de todo, era una consecuencia natural. No podía discutir conmigo porque yo no estaba siendo irrazonable, simplemente estaba haciéndole asumir su responsabilidad por algo que habíamos acordado previamente. Y yo me sentí relativamente bien.

En otra ocasión en la que volvió a utilizar el salón, le recordé que lo dejara en orden para que otros pudieran usarlo, y que tomara medidas para recordarlo y que yo no tuviera que despertarlo otra vez. Sin juzgar, sin avergonzar. Solo una cuestión de hecho. No he tenido que despertarlo de nuevo para que limpiara (hasta ahora).

Dwight Eisenhower escribió una vez: «Los planes no valen nada, pero la planificación lo es todo». Esto es particularmente aplicable a la resolución de problemas con niños complejos. La primera vez que lo probamos, no podemos pretender que todo funcione a la perfección o vaya exactamente como lo planeamos. Es probable que cualquier esfuerzo por mejorar el autocontrol de nuestros hijos no funcione la primera (o la segunda) vez que lo intentemos. En lugar de frustrarnos, debemos recordar que la corrección del rumbo es una parte normal del proceso.

De hecho, los finales y los comienzos pueden volverse muy borrosos. Justo cuando algo se torna cómodo, vuelve a cambiar; en cuanto logras algo, surge otro desafío. Cada vez que crees que has aprendido lo que necesitas saber, descubres que hay algo más que aprender.

Tendemos a probar cosas por desesperación o insistimos con algo que no funciona porque no sabemos qué otra cosa hacer. Pero hay un valor increíble en el progreso gradual. Paso a paso, podemos guiar a nuestros hijos hacia la autoconciencia e independencia; en su mayoría, serán pasos de bebé en lugar de grandes saltos.

La escalada en roca ofrece una metáfora maravillosa sobre esto. Al escalar una cara de un macizo rocoso, un novato estirará los brazos lo más que pueda, impulsándose hacia arriba, pero pronto se sentirá exhausto. El escalador experimentado sabe que la energía y la resistencia requieren pequeños pasos. Escalar como una araña. Centrándose en los pies, no en las manos, con la mirada puesta en el siguiente pequeño avance que ofrezca nuevas oportunidades al alcance de la mano.

Al fin y al cabo, el progreso gradual es en realidad lo que genera un cambio duradero, en lugar de quedarnos atrapados tratando de hacer las cosas perfectas. Haz pausas frecuentes para evaluar el progreso y asegúrate de que estás empleando tu tiempo y energía de la manera más eficaz posible. A Diane y a mí nos gusta llamarlo «Aclarar y Repetir», que puede adoptar algunas formas diferentes:

> El progreso gradual es, en realidad, lo que conduce a cambios duraderos.

252 • NIÑOS COMPLEJOS

- Apégate a una solución, aplica las tres preguntas mágicas (ver el capítulo 10); modifícala o mejórala y vuelve a intentarlo.
- Decide que el progreso ya es suficiente (capítulo 8) y apunta a un nuevo desafío.
- Reconoce lo que funciona y aplícalo a otros desafíos (capítulo 10).
- Ten en cuenta que lo que pensabas que era el problema no es en realidad el verdadero problema, y empieza de nuevo con un nuevo enfoque.

Hacer una pausa puede ser difícil cuando te sientes presionada, pero es esencial. Presta atención a lo que funciona y lo que no. Siempre que sea posible (o relevante), incluye a tu niño en la conversación. En lugar de rechazar las ideas de los niños, déjalos que prueben, incluso si estás bastante segura de que no va a funcionar (vigilando que no se pongan en peligro, por supuesto).

Luego haz un seguimiento, sin juzgar, para empoderar a tu hijo con Aclarar y Repetir.

Estrategia: Enseñar a los niños a pedir ayuda y a aceptarla

«A veces no tengo problemas en pedir lo que necesito; otras veces, no quiero tener necesidad de pedir ayuda, y me resisto. Pero me doy cuenta de que cada vez que recapacito y pido ayuda, mi vida se vuelve significativamente más fácil y mejor. Respiro más tranquilo. Caminar se vuelve más fácil. Quiero que la gente sienta cómo se aligera su carga. Atlas sostuvo el mundo él solo, pero nosotros no tenemos por qué hacerlo»

(BEX TAYLOR-KLAUS, *Flaunt Magazine*).

El progreso gradual es en realidad lo que trae cambio duradero.

¿Hay en este libro una estrategia más importante que cualquier otra? Sí.

En cierto sentido, todo en este libro está diseñado para alentarte a pedir la ayuda que necesitas y a que tus hijos aprendan a pedir y aceptar tu ayuda y la de otros. Queremos desarrollar sus habilidades de autodefensa, ayudándoles a entenderse a sí mismos y saber lo que necesitan, y a aprender a identificar lo que les ayudará a tener éxito. Aunque son habilidades difíciles de transmitir, serán un recurso fundamental para tus hijos a lo largo de sus vidas.

Aunque hemos sido educados para resistirnos a pedir ayuda, nadie lo hace todo solo. Al principio creemos que deberíamos saber cómo ayudar a nuestros hijos, o pensamos que ya superarán solos los problemas. Nos convencemos de que solo tenemos que esforzarnos más, leer un libro más, contratar a un tutor o… esperar. En el fondo, no queremos necesitar la ayuda de nadie.

Nuestros hijos sienten lo mismo. A pesar de los problemas complejos que dificultan sus vidas, no quieren tener que pedir ayuda, ni a nosotros ni a nadie. Sienten que deberían poder hacer lo que sus compañeros hacen y quieren sentirse como todos los demás. Evitan admitir que tienen dificultades y se resisten a recibir ayuda cuando se les ofrece. Quieren seguir creyendo que lo superarán. En términos generales, nuestros hijos se resisten a ser ayudados porque sienten:

- Que no está bien cometer errores.
- Que no está su agenda.
- Que no están preparados para lo que se espera de ellos.
- Que no tienen claro qué tipo de ayuda necesitan,
- Que están estresados pero no quieren que nadie lo sepa.

Pedir ayuda puede ser inquietante; requiere vulnerabilidad. Hay tantos problemas complicados que los niños están enfrentando que es difícil saber en quién confiar. ¿Serán recibidos con actitud abierta y aceptación, o los harán sentir juzgados o avergonzados? ¿Valdrá la pena el riesgo de la incomodidad o la vergüenza? ¿Será realmente efectivo?

Al vivir en una comunidad, utilizamos la ayuda que nos brindan otros y encontramos aliados de muchas maneras. Vale la pena el esfuerzo de mantener un tono informal y crear un ambiente que transmita seguridad. Si realmente queremos que nuestros hijos acepten la ayuda que se les ofrece, debemos modelar ese comportamiento y verbalizarlo a menudo. Señalémosles, con naturalidad, que la mayoría de nosotros no nos cortamos el pelo solos. Deja que tus hijos te vean pidiendo ayuda con tus impuestos y pídeles a ellos ayuda para lidiar con la tecnología.

Mantenernos conectados con nuestros hijos hace que confíen en nosotros y, en última instancia, los habilita para pedir ayuda, a nosotros y a otros en quienes confían. Aprenderán a confiar en las personas con las que se relacionan para buscar ayuda cuando la necesiten. En última instancia, los motivará a buscar orientación en los años por venir.

La capacidad de pedir ayuda prepara a los niños para una vida de éxito. Experimenté parte de ese éxito de forma indirecta cuando mi hija me llamó desde la universidad para decirme: «Mamá, fui a hablar con el decano para resolver aquel problema que tenía». Estaba orgullosa de sí misma, porque había conseguido lo que más deseaba para ella: que supiera que estar dispuesta a pedir ayuda es lo que se necesita para tener éxito.

Di no a la crítica

Tuve «citas» con cada uno de mis hijos, al menos ocasionalmente, cuando eran pequeños, para dedicarles tiempo de forma individual. Me impuse dos reglas para esos encuentros: dejar que ellos eligieran la actividad (dentro de lo razonable) y no corregir su comportamiento (siempre que fuera seguro). Si querían comer con las manos, que lo hicieran; me mordería la lengua y me dedicaría a pasarlo bien.

Los niños complejos están constantemente siendo redirigidos por amigos, maestros y padres. La mitad del tiempo no nos damos cuenta de que lo estamos haciendo. Corregirlos se vuelve algo natural. Pero lo que creemos que es un simple «no, hazlo de esta otra manera» se vuelve intolerable para ellos, que viven cada corrección como parte de una constante avalancha de críticas.

«¡Pero necesito enseñarle a comportarse!», objetarás.

No, en realidad no necesitas hacerlo. No todo el tiempo. A veces es mejor no decir nada. En la mayoría de los casos, saben lo que se supone que deberían hacer, pero no lo consiguen. Ya se sienten frustrados, y no necesitan tu recordatorio. Aunque no sea tu intención, restregarle sus fallos en la cara puede hacer que dejen de intentar hacer las cosas de otro modo.

Probablemente hayas oído hablar de investigaciones que sostienen que por cada corrección que hacemos, deberíamos elogiar a los niños de tres a cinco veces, para ayudarles a construir su autoestima. Reconozco que puede ser difícil de hacer, especialmente cuando no somos conscientes de la frecuencia con la que decimos cosas que los niños entienden como crítica. Su mundo gira alrededor de ellos mismos ¡y están programados para tomar cosas personalmente! ¿Cómo hacer, entonces, para acercarte a esa proporción de 5 a 1?

> Mantenernos conectados con nuestros hijos hace que confíen en nosotros y, en última instancia, que puedan pedir ayuda, a nosotros y a otras personas en quienes confían.

CELEBRA LO QUE HACEN BIEN

Te planteo un desafío: durante una semana, evita corregir a tu hijo de cualquier forma, a menos que sea estrictamente necesario. Si hay algo peligroso en juego, está claro que lo más importante debe ser la seguridad. De lo contrario, observa qué pasa cuando no le señalas sus errores. Durante una semana, evita redireccionar. Observa los cambios que se producen mientras te muerdes la lengua; mejora tu pequeño experimento reconociéndole cualquier cosa positiva que haga y alimentando su sentido del orgullo.

Agradécele todo lo que veas que está haciendo bien, incluso si es lo que esperas de él. Es increíble lo mucho que puedes hacer con un simple «Gracias por sacar la basura» o «Esa ha sido una buena forma de responderle a tu hermano». A todos nos gusta que nos digan que estamos haciendo un buen trabajo. Lo más probable es que no te excedas. No es fácil reducir las críticas inconscientes que escuchan a diario, incluso cuando no estamos diciendo nada. Pero definitivamente vale la pena intentarlo.

Aquí tienes algunas ideas:

- Pregúntale a tu hijo de qué está orgulloso; cuando lo veas haciéndolo, reconóceselo.
- Cuando haga algo bien, refuérzalo diciéndole «¡Apuesto a que te sientes bien ahora!».
- Mi frase favorita: «¡Apuesto a que te sientes muy orgullosa de ti misma!».
- A veces puedes añadir: «Por supuesto, estoy orgullosa de ti. Ha sido algo increíble. Pero lo genial es que tú estés orgulloso de ti mismo. Eso es realmente lo que importa, ¿no es así?».

Sé que esta actitud puede hacerte sentir como si tuvieras un brote de urticaria. Porque tú te tomas en serio tu responsabilidad, y consideras tu obligación enseñar a tus hijos a comportarse. Lo respeto, de verdad. Pero recuerda que hay muchas maneras de enseñar, cualquiera sea el asunto. Nuestros hijos necesitan un descanso del sermoneo, que muchos de nosotros usamos por defecto. Si nos enfocamos en lo que está funcionando y reforzamos la autoestima y la autoconfianza de los niños, poco a poco empezaremos a notar que no es necesario sermonear en absoluto.

Anímate a intentarlo por una semana: limita tus críticas y comentarios al mínimo, y concéntrate en reconocer y celebrar lo que tus hijos hacen bien. Es posible que notes que tú también te sientes mejor.

Di sí a la transparencia

«Todos nos ponemos máscaras. Todos simulamos ser algo, todos los días. Estoy cansada de eso. Pasé tanto tiempo tratando de ser lo que me dijeron que debía ser... Solo quiero ser yo misma. Si lo soy, quizás inspiraré a los niños para que sean, también, ellos mismos. Necesitamos mucha más honestidad, transparencia y amor propio radical en este mundo»

(Bex Taylor-Klaus, *Flaunt Magazine*).

En un esfuerzo por mejorar mi impuntualidad crónica, decidí dejar de poner excusas. Quizás fuera verdad que había mucho tráfico, que había un camión lento delante de mí o que el camino de entrada a mi casa estuviera bloqueado. Pero, por lo general, también era cierto —más cierto—, que no había salido de casa con el tiempo suficiente. En lugar de poner una excusa, eso es lo que dije al llegar tarde las siguientes veces. ¿Y sabes lo que ocurrió? Las personas no solo no me juzgaron ni se enfadaron conmigo, sino que respondieron con calidez, comprensión y gracias. La mayor parte de la gente se sorprendió gratamente cuando les confesé la verdadera razón de mi tardanza.

La transparencia consiste en darnos permiso para ser humanos y, al hacerlo, permitir que los que nos rodean también lo sean.

No fue fácil para mí. Como perfeccionista en recuperación, me costó aceptar la idea de que para ser una buena coach tenía que reconocer mis errores. ¡Siempre he odiado admitir mis errores! La transparencia, un concepto clave en el coaching, fue algo que siempre me resultó difícil poner en práctica. Ser abierta, honesta, directa y auténtica no fue complicado. Pero, ¿reconocer errores sin sentir vergüenza e incomodidad? Eso requirió un gran esfuerzo de mi parte.

Como adulta con un trastorno de aprendizaje no diagnosticado y problemas de atención, me avergonzaba con facilidad ante cualquier cosa que no fuera la perfección por mi parte. Quería aparentar tenerlo todo bajo control, porque por dentro sentía como si me estuviera despedazando. Tal vez por eso he esperado hasta ahora para compartir este concepto contigo. Lleva tiempo desarrollar este músculo, y puede ser vivido como algo amenazador. Afortunadamente, muchos de los conceptos tratados en este libro te ayudarán a superarlo.

La transparencia consiste en darnos permiso para ser humanos y, al hacerlo, permitir que los que nos rodean también lo sean.

Sorprendentemente, la transparencia se ha convertido en uno de mis superpoderes, ayudándome a conectarme con mis hijos, mis clientes, mi familia y conmigo misma. Me impide tomarme las cosas de forma personal. Todavía me resisto a veces, pero es solo una parte de ellos, ¿no es así?

Los adultos a menudo sentimos que se supone que debemos proyectar una imagen impecable ante los niños y adolescentes. Nos guardamos los errores para nosotros mismos y evitamos exponerlos delante de ellos. Estamos convencidos de que modelar el buen comportamiento significa tener la perfección como objetivo, pero en realidad es todo lo contrario.

A nadie le gustan las personas perfectas, esas que lo saben todo y nunca se equivocan. Son irritantes y resultan desagradables para los niños, que son muy conscientes de sus propios errores. Además, ¡a nuestros hijos les encanta que admitamos haber cometido un error! Nos hace mucho más accesibles.

Preparar a los niños para la vida real como adultos debe incluir enseñarles que incluso las personas más inteligentes cometen errores y que en las relaciones afectivas siempre hay conflictos. Cuando les ocultamos la verdad, no les estamos haciendo ningún favor.

Ser verdaderamente humanos es saber que no somos perfectos; cometemos errores, cambiamos de opinión, nos frustramos, nos recuperamos. Si solo mostramos a los niños nuestros éxitos, adquirirán una perspectiva desequilibrada y acabarán juzgándose a sí mismos con dureza al vivir las típicas experiencias humanas. Nuestra transparencia permite a los niños vislumbrar la profundidad de quiénes somos, sin abordar de manera inapropiada nuestros problemas de adultos. En pocas palabras, les permite saber que los adultos también tenemos problemas.

Ya seas un maestro que admite que cometió un error en una redacción o un padre que admite que perdió los nervios durante la cena, la transparencia genera conexión y respeto. Los niños sienten que hay alguien real en quien confiar, y es más probable que participen y aprendan de manera más efectiva.

Algunos de nosotros somos tan peculiares como nuestros hijos. Dejarles ver esa parte de ti les da permiso para ser quienes son. Como solía decirles a mis hijos cada vez que se criticaban a sí mismos por un error: «¿Necesitas permiso para ser humano? Lo tienes».

> Estamos convencidos de que modelar el buen comportamiento significa tener la perfección como objetivo, pero en realidad es todo lo contrario.

Diálogo interno: Celebra las victorias inusuales

Durante una de las poco frecuentes salidas con mi hijo de 10 años, estábamos dando un paseo al borde de un arroyo en un parque estatal, cuando nos topamos con un desagradable grafiti racista, pintarrajeado con colores brillantes sobre una roca. Mientras raspábamos la sigla KKK, le expliqué a mi hijo por qué la considero ofensiva. Vimos otra pintada, aún más fea, en otra gran roca. Mi hijo buscó una piedra, se subió a la roca y se puso a trabajar. Estuvimos raspando durante horas, sosteniéndonos el uno al otro para no caernos, sin importarnos los pequeños rasguños y moretones. Él nunca se quejó. Sabía la razón por la que la tarea era importante.

A pesar de las circunstancias, me sentí agradecida por tener un compañero tan dispuesto a hacer lo correcto. Brindarle una lección valiosa sin sermonear me dio la oportunidad de profundizar el lazo con mi hijo. Juntos ejercimos una ciudadanía responsable y mi hijo vislumbró su propio liderazgo. Más tarde, mientras íbamos hacia el lugar de picnic, nos cruzamos con una familia afroamericana con tres niños pequeños que se dirigían hacia el arroyo. Mi hijo sonrió y me dijo: «Me alegro de que esos niños puedan ir a la playa sin que su madre se sienta traumatizada por las pintadas».

«¿Necesitas permiso para ser humano? Lo tienes».

El primer «consejo rápido» que Diane y yo publicamos cuando lanzamos ImpactADHD.com en 2011 fue simple y directo: «¡Celebra!».

Diane escribió: «La celebración es el acto de honrar a una persona o un acontecimiento». Es sorprendente ver cómo un concepto simple como la celebración puede cambiar el rumbo de la experiencia humana e incidir en el desarrollo de un niño. La celebración como diálogo interno puede inspirarte a superar momentos difíciles que podrían paralizarte, además de todo lo que puede hacer por tu relación con tu hijo. Elogiar a alguien a quien amamos, incluso por algo pequeño, nos hace sentir muy bien.

Debido a que nuestros hijos internalizan sus frecuentes errores, su miedo a decepcionarnos hace que a menudo sientan que estamos señalándoles errores cuando no es así. Por lo tanto, descubrir y celebrar las conductas positivas puede contrarrestar su constante sensación de que están «equivocados», fortaleciendo su autoestima.

Además de los cumpleaños y los días festivos estándar, incluyamos celebraciones menos tradicionales, como el sentimiento de esperanza ante una experiencia difícil, como cuando nos encontramos con las pintadas ofensivas. Estos gestos te traerán muchos beneficios:

1. **Celebra las cosas pequeñas.** Encuentra algo en la vida de tu hijo que sea motivo de celebración todos los días, teniendo presente que no hay éxito demasiado pequeño para que merezca ser celebrado. Suéltate y diviértete; haz el tonto y organiza bailes porque sí. A corto plazo es posible que los niños sientan vergüenza, ¡pero cuando pase el tiempo sonreirán al recordar a su madre «gruñona» o su padre «fastidioso» cantar usando una cuchara como micrófono!

2. **Busca las victorias en los errores.** Cuando las cosas no van tan bien, busca aciertos y celébralos como pequeñas victorias a pesar de todo.

   - ¿Tu hijo no está siendo productivo al hacer su tarea? Dile algo positivo sobre el esfuerzo.
   - ¿Tu hijo ha llevado el plato al fregadero para quitar las sobras, pero no lo ha introducido en el lavavajillas? Reconócele haber limpiado el plato. «¿Permiso para ser humano? Otorgado.»
   - ¿Tu hijo terminó la tarea en el último minuto? ¡Felicítalo por haberlo logrado!

3. **Encuentra el lado positivo siempre que puedas.** A veces, la celebración que más necesitamos no es por algo obvio o un acontecimiento «feliz», sino por un aspecto positivo en un momento difícil. Comenzamos nuestras reuniones de coaching con celebraciones por diversos motivos: las mañanas transcurren sin problemas, los niños entregan sus tareas a tiempo, o acceden a dejar el móvil de lado sin discutir. Pero también

celebramos que los padres hayan estado a la altura, que no hayan perdido la calma cuando sus hijos se comportaron de mala manera o que hayan logrado mantener una buena conversación con sus hijos adolescentes pese a sus malas calificaciones. A veces hay razones para celebrar ocultas en medio de situaciones que antes habríamos considerado de crisis.

Las celebraciones no tienen que limitarse a logros e hitos externos. Adopta el hábito diario de buscar tesoros pequeños, inusuales y ocultos. La celebración está en lo que elegimos buscar y ver, en cómo respondemos al comportamiento de nuestros hijos en diferentes situaciones y en cómo gestionamos nuestras expectativas.

La celebración está en el corazón del enfoque del coach. La forma en que nos comunicamos con nuestros hijos es fundamental. En última instancia, se trata de cómo compartimos la carga y cómo transferimos el bastón de mando. Porque criar niños complejos es desalentador e increíblemente frustrante, y constituye toda una lección de humildad. Pero cuando la aceptas a pesar de todas las pruebas y tribulaciones, puede traerte más alegría que cualquier otra cosa que hayas imaginado en tu vida.

¿Estás lista para disfrutar del viaje?

Preguntas para el autodescubrimiento

- ¿Cuándo y de qué formas te quedas atascada?
- ¿Cuándo has tenido éxito haciendo reajustes e intentándolo de nuevo?
- ¿Cómo llevan tus hijos tener que pedir ayuda? ¿Y tú?
- ¿Cuándo has descubierto a tus hijos comportándose bien?
- ¿De qué maneras puede ayudarte la transparencia a conectarte con tus hijos?
- ¿Qué victorias pequeñas o escondidas vas a descubrir y celebrar?

Epílogo

Una carta de Elaine y Diane

«Para comprender, lo primero es escucharte a ti mismo.»

THICH NHAT HANH

Estimados padres y profesionales,

Cuando lanzamos ImpactADHD.com en 2011, actualmente ImpactParents.com, había muchos recursos disponibles para los niños complejos, pero prácticamente nada dirigido a los adultos que los estaban criando. Cuando nos convertimos en coaches, también nos convertimos en mejores padres para nuestros propios niños complejos, y tampoco es que haya sido tan difícil como la física nuclear.

Nos dimos cuenta de que podíamos enseñar a otros padres. Sabíamos por experiencia que los padres no necesitan sermones o terapias. Lo que necesitan es orientación y apoyo reales, para que puedan brindara a sus hijos la ayuda que más necesitan.

Nuestro propósito fue llenar un claro vacío en la oferta de servicios. Cuando nuestros hijos eran pequeños, el coaching aún no estaba disponible. Sabíamos por nuestra propia experiencia y la de nuestros clientes que los padres pueden hacer una gran diferencia en la vida de sus hijos. No tardamos en expandimos para incluir a los docentes en la conversación, porque luchaban con los mismos problemas. Los expertos les decían a todos *qué* hacer, pero nadie les ayudaba a descubrir *cómo* hacerlo.

Este libro recoge los conceptos, estrategias, consejos y trucos fundamentales que hemos tomado prestado del mundo del coaching para enseñar a los padres y educadores cómo apoyar eficazmente a los niños complejos en sus vidas. Es solo un comienzo. La mayoría de la gente necesita más que ideas e información; necesitamos una combinación de capacitación, coaching y apoyo para hacernos una idea de lo que realmente involucra la crianza de niños complejos. Si bien estos niños no son fáciles de criar o educar, es probable que tu experiencia no sea tan poco común como crees, y esto te iniciará en el camino hacia una mayor confianza y calma.

Queremos recordaros que no estáis solos. Es normal sentirse abrumada, frustrada o lo que sea que estés sintiendo. Es normal que grites, que intentes controlar o ignorar, o te sientas perdida. Además, justo cuando crees que tienes el control las cosas vuelven a cambiar, y eso también es normal.

Asimismo, queremos recordarte que tú puedes hacer una gran diferencia. Hay muchas maneras de obtener el apoyo que necesitas, y depende de ti pedirlo. Nosotras podemos ayudarte a poner en práctica la información de este libro, si eliges comunicarte con nosotras para obtener ayuda. Ya sea que quieras recurrir a nosotras o a otros profesionales, deseamos alentarte a pedir y aceptar ayuda, y a enseñar a tus hijos a hacer lo mismo.

Lo que queremos para ti, para todos los padres, es ayudarte a construir una relación sólida y conectada con tus hijos, para que puedas a su vez ayudar a tus hijos a construir una relación sólida y conectada con ellos mismos.

Y sobre todo, queremos recordarte algo que quizás olvides de vez en cuando: ¡Tienes lo que hace falta!

Elaine Taylor-Klaus y Diane Dempster
Cofundadoras de ImpactParents.com
Creadoras de SanitySchool.com

Guía para la discusión en grupo

Niños complejos está estructurada para que los padres y los profesionales puedan usarla en discusiones en grupo. Las preguntas al final de cada capítulo y las que siguen fueron desarrolladas para guiar grupos de discusión de clubes de lectura, grupos de padres en la escuela de tu hijo, talleres de capacitación para docentes, grupos de apoyo en centros comunitarios o para el uso personal del lector. Los capacitadores de Sanity School® también pueden estar disponibles para brindar asistencia de forma presencial.

Aunque este libro se destaca por sí solo como un marco para criar y educar a niños complejos utilizando un enfoque de coach, también fue creado para acompañar el programa de capacitación en terapia conductual Sanity School® para padres o docentes. Se pueden convocar grupos para ver las sesiones virtuales de capacitación juntos o de forma independiente, seguidas de una discusión grupal. Es posible solicitar los servicios de Sanity School® online, y contar con la asistencia presencial ofrecida por coaches certificados disponible en diversos lugares del mundo.

Idealmente, estas preguntas podrían repartirse en seis sesiones.

Sesión 1: Criar a niños complejos con un enfoque de coach

Capítulos 1 a 6

Preguntas sobre niños/adolescentes:

- ¿Cómo soltar puede llevarte a criar o enseñar desde la inspiración?
- ¿Cómo sería un nuevo comienzo para ti, a partir de ahora misma?
- Discutir cómo el fortalecimiento de las relaciones contigo misma, con tu familia o con tu clase pueden mejorar las cosas para tu hijo, o para tus alumnos.
- ¿Qué interfiere en tus relaciones? (Por ejemplo: juzgar, culpar, guardar resentimiento, etcétera).
- ¿En cuál de las cuatro fases del empoderamiento estás habitualmente? ¿En qué momentos necesita tu hijo que estés con él más a menudo? ¿Y tus alumnos?
- Discutir el valor de apuntar de forma muy específica, en comparación con apuntar a problemas generales.
- ¿De qué maneras interfieren la vergüenza y la culpa con tu capacidad para apoyar a tu hijo o tu alumno?
- Discutir sobre el perdón. ¿Quién quiere o necesita perdón? ¿De quién?
- ¿De qué forma eres un «buen encaje» para tus niños/alumnos peculiares? ¿En qué situaciones no lo eres?
- Discutir el tema de la «travesura» versus la «cuestión neurológica» en el contexto de adoptar una perspectiva de discapacidad.

Preguntas sobre el autocuidado de los adultos:

- ¿Qué sería útil que aceptaras?

- ¿Qué significaría para ti dejar el palo?
- ¿Cuándo te pones realmente la máscara de oxígeno tú primero? ¿Cuándo no lo haces?
- Discutir cómo el fortalecimiento de las relaciones puede mejorar tu vida.
- ¿Qué mensajes de tus gremlins te impiden sentirte seguro?
- ¿Cuál es el beneficio potencial de que adoptes el ritmo de una maratón, en lo relativo a tu estilo de crianza y de enseñanza?
- ¿Qué es importante para ti?
- Discutir la diferencia entre responder y reaccionar.

Sesión 2: Activar el cerebro

Capítulo 7

Preguntas sobre niños/adolescentes:

- ¿Qué es lo importante acerca de la activación del cerebro?
- Discutir los seis aspectos de la función ejecutiva.
- Discutir el papel de la motivación para los niños complejos.
- ¿Cuál es el valor de la autonomía para niños complejos?
- ¿Qué ha cambiado en tu forma de ver el uso de las recompensas?

Preguntas sobre el autocuidado de los adultos:

- ¿De qué maneras tiendes a catastrofizar? Discute sobre ello.
- ¿Cómo gestionas actualmente tus propios factores detonantes?
- ¿Qué te alimenta?
- ¿Cuándo es más necesario para ti activar tu cerebro y cuáles son algunas formas en que lo haces?

Sesión 3: Positividad

Capítulo 8

Preguntas sobre niños/adolescentes:

- ¿Cómo recordarán los niños/estudiantes el tono de tu hogar o tu clase dentro de veinte años?
- ¿De qué maneras aprovechas (o puedes aprovechar) las fortalezas de tus hijos/alumnos?
- ¿De qué manera estás adoptando expectativas de perfección sin querer?
- ¿Cuáles son los obstáculos y las oportunidades para hacer que esté bien cometer errores?

Preguntas sobre el autocuidado de los adultos:

- ¿Cómo te conectas con tu hijo/alumno?
- ¿Cómo está impactando el perfeccionismo en tu vida?
- ¿Cómo puedes aplicar la compasión radical a ti mismo?

Sesión 4: Expectativas cambiantes

Capítulo 9

Preguntas sobre niños/adolescentes:

- ¿Qué dificultades enfrenta tu hijo/alumno debido a las expectativas poco realistas?
- ¿Qué se interpone en tu camino para ir al encuentro de los niños/alumnos en el punto en que están?

- Discutir la relación entre las consecuencias y el castigo.
- Discutir el impacto potencial de creer en las mejores intenciones de tus niños/alumnos.

Preguntas sobre el autocuidado de los adultos:

- ¿De qué formas te estás fijando expectativas poco realistas para ti misma?
- ¿Cómo puede ayudarte el confiar en las mejores intenciones?
- ¿Quiénes son las personas que más te animan?

Sesión 5: Uso de sistemas y estructuras

Capítulo 10

Preguntas sobre niños/adolescentes:

- Discutir la diferencia entre arreglar y resolver problemas.
- ¿De qué maneras te estás enfocando en los resultados a expensas del proceso?
- ¿Cuál es el impacto de hacer las cosas demasiado rígidas o complicadas?
- Discutir cómo los éxitos pueden conducir a soluciones en otras áreas.

Preguntas sobre el autocuidado de los adultos:

- ¿Cuáles son tus dificultades para utilizar el fracaso para el éxito?
- ¿Cuál es para ti el valor de mantener las cosas simples y flexibles?

- Comparte y celebra tus éxitos recientes poniéndote de nuevo en tu lista de prioridades.

Sesión 6: Integrándolo todo

Capítulos 11–12

Preguntas sobre niños/adolescentes:

- ¿Cuál es el valor de una agenda colaborativa?
- Discutir las oportunidades y los desafíos de obtener el visto bueno.
- Discutir cómo el lenguaje puede capacitar a los niños para que se tornen dueños de sus vids.
- ¿Qué oportunidades ve en el uso de RECO-E?
- Discutir el valor de que los niños/alumnos aprendan de las preguntas en lugar de ser dirigidos.
- ¿En qué situaciones estás «diciendo» cuando podrías estar «preguntando»?
- ¿Por qué pedir y aceptar ayuda es una habilidad vital tan importante?
- Discutir las razones por las que tus hijos/alunos se resisten a pedir o aceptar ayuda.
- ¿Cómo descubres aquellas cosas que tus hijos/alumnos han hecho bien?
- Discutir el valor de la transparencia de los adultos para los niños y adolescentes.

Preguntas sobre el autocuidado de los adultos:

- ¿Por qué es importante para ti pedir y aceptar ayuda?

- Intercambia ideas acerca de qué comportamientos se podrían modificar utilizando palabras en código.
- ¿Cómo podría ayudarte el enfocarte en el progreso y no en la perfección?
- ¿Cómo podría la transparencia aliviar la presión que sientes?
- ¿Qué victorias inusuales podrías celebrar?

Nota sobre el tratamiento recomendado y la terapia conductual

Independientemente de lo que haga que un niño sea complejo, los adultos cumplen un papel en el tratamiento recomendado. No importa qué condición crónica tenga un niño —ADHD, ansiedad, diabetes juvenil u obesidad, por ejemplo—, cuando se recomienda medicación, rehabilitación o cambios en el enfoque para tratar los desafíos particulares de un niño, la capacitación en terapia conductual proporciona un apoyo esencial para que los adultos puedan ayudar a los niños a aprender a manejarse solos.

Terapia conductual es un término confuso. Según el sitio web del CDC[14], «La Capacitación en Terapia Conductual para Padres también se conoce como Capacitación para la Gesión del Comportamiento para Padres, Terapia Conductual para Padres, Capacitación Conductual para Padres o simplemente Capacitación para Padres». Según HealthyChildren.org: «Hay muchos formas de terapia conductual, pero todas tienen un objetivo común: cambiar el entorno físico y social para ayudar al niño a mejorar su comportamiento». No importa cómo se defina la terapia conductual, su propósito es claro: crear ambientes para que el niño pueda «aprender o fortalecer comportamientos positivos y eliminar comportamientos indeseados o problemáticos» (CDC).

---

14. Centro de Control y Prevención de Enfermedades de Estados Unidos (N. del T.).

Ya sea que se lleve a cabo en clases, grupos o sesiones privadas, la capacitación en terapia conductual para padres o maestros debería ayudar a los adultos a «comprender mejor los problemas de comportamiento de sus hijos y aprender (...) habilidades específicas para encarar estos problemas» (CDC). La capacitación en el manejo del comportamiento es generalmente proporcionada por coaches, terapeutas educacionales, consejeros, psicólogos y trabajadores sociales. A veces, los profesionales están capacitados para proporcionar terapia conductual directamente a los niños, pero es posible que se pase por alto el importante papel de la capacitación de los padres.

En mi opinión, una de las mejores opciones (y a menudo la más asequible) es trabajar con un coach de padres. Como cualquiera puede llamarse a sí mismo un coach, es importante seleccionar profesionales que adhieran a las normas profesionales establecidas y las pautas éticas. También se recomienda capacitación adicional cuando se trabaja con familias o con docentes cuyos niños tienen necesidades complejas. Un coach para padres debe contar con la certificación otorgada por la Federación Internacional de Coaches (ICF) y estar bien entrenado sobre la variedad de condiciones que enfrentan las familias complejas. Muchos coaches de padres trabajan por teléfono o por vídeo, lo que reduce significativamente los costes y facilita el acceso a los servicios. Cuando la localización no es un factor limitante, los padres pueden recibir capacitación en un momento que se adapte a su horario, sin tener que conducir largas distancias.

Agradecimientos

Entiendo la razón por la cual los autores se retiran a escribir a cabañas apartadas. Escribir es una experiencia obsesiva que no quieres imponer a nadie. Y, sin embargo, como madre, esposa, directora ejecutiva, coach, hija y amiga, escribí este libro en mi tiempo libre (insertar risas). Quiero reconocer absolutamente a todos los que entraron en contacto conmigo a lo largo de los años, que pudieron haber encontrado en mí a una compañera obstinada. Lo era. Agradezco su generosidad, su amabilidad y su elegancia.

A Jim, de la agencia LGRLiterary, por compartir mi visión, y a la editorial Quarto por hacerla realidad. A Jeff, por capturar la esencia de nuestros arquetipos de crianza. Y a Ned, por tu hermosa prosa.

A mi increíble equipo en ImpactADHD.com, por su aliento y entusiasmo. Diane, Natasha, Shelley, Brit, Jeremy, Claire, Caitlin e Hilary: las reuniones de los lunes por la mañana me hacen empezar la semana con una sonrisa, lo cual es algo para celebrar.

A mi espectacular tribu de padres, clientes y comunidad en todo el mundo: vuestra vulnerabilidad, transparencia y confianza son una lección de humildad y empoderamiento. Nos encanta apoyaros cada día. ¡Vosotros hacéis la diferencia!

A mi equipo local: a Shelley, por crear espacio y ser mi animadora; Suzie, por otra década plena; a Sarah, por mantener la casa y el despacho habitables, y a Sophie, por su presencia constante y su cariño.

A mis padres (Mamá, Papá, Suegra), mis más auténticos animadores.

A mis queridos amigos, hermanos y vecinos, y todos sus maravillosos hijos, por su profundo sentido de conexión y pertenencia, incluso en mi ausencia.

Diane, después de casi una década de asociación consciente, no puedo imaginar mi mundo sin ti. Espero haberte hecho sentir orgullosa, haber representado nuestro trabajo de manera honorable. Tu sabiduría brilla a través de las páginas.

A mis hijos, Bex y Alicia, Syd, Josh —mis cachorros—. Sois mis musas, mi alegría, la razón por la que me he embarcado en este trabajo increíble. Gracias por vuestra paciencia, por permitir compartir vuestras historias y por ver los dones en las dificultades.

A mi paladín, socio y marido, David Taylor-Klaus. Me encanta poder compartir este trabajo contigo, crear libros, nuestro nido abierto. Te amo.

A mi comunidad de coaches: estoy completa, por ahora.

Acerca de la edición en español de Niños complejos

Este libro no estaría disponible para ti en español si no fuera por el poder de mantener una visión, la increíble magia del coaching y unas cuantas mujeres latinas extraordinarias de todo el mundo.

Hace años, enseñé Sanity School® a una comunidad en El Paso (Texas) con un traductor simultáneo. Me di cuenta de que había una enorme necesidad de proporcionar recursos basados en el coaching a la comunidad latina y me propuse hacer que eso sucediera, ¡aunque no hablo español!

Con una visión clara, empecé a moverme en esta dirección en 2016, pero tuve varios tropiezos. ¡En 2022 las estrellas se alinearon y un grupo dedicado, inteligente y reflexivo de coaches y formadoras se reunió como un equipo de ensueño para llevar esta visión a la realidad!

Estás leyendo este libro hoy porque Elena Nichols tuvo la amabilidad de certificarse en nuestro método y unirse como una de las primeras coaches de nuestro increíble equipo de coaches profesionales. Ha dedicado años a aprender el enfoque de coach a través de la lente de la neurodiversidad, ¡y ahora miles de personas se beneficiarán de su compromiso!

A Elena se le unieron en esta aventura otras tres profesionales de nuestro Programa de Certificación Sanity School®: Elly Sanchez, Jenny Aguilar y Arantza Danes Vilallonga. Las cuatro pasaron meses trabajando juntas para traducir este libro a un español «neutro» (español para todos) para que pudiéramos llevar la poderosa formación de Sanity School® a todos los hispanohablantes de todo el mundo de forma que se reconocieran en la conversación. En algún momento de ese camino, Arantza nos presentó a Marta y la versión en español de Niños complejos —que es una guía complementaria de Sanity School® para padres fue invitada a unirse a la fiesta.

Cuando trabajas con familias y personas con neurodiversidad, la inclusión es esencial y requiere algo más que palabras. Desde mi punto de vista, puedo decir que estas mujeres se tomaron en serio esta tarea. Se afanaron en los conceptos, crearon una guía para la traductora de la editorial y revisaron minuciosamente cada palabra de este manuscrito y los materiales de Sanity School® en español, para que todas las personas de habla hispana se sintieran incluidas. ¡Fue una tarea titánica!

Justo cuando pensábamos que estábamos cerca del final de la aventura, una querida amiga y colega, Gisela Lowenstein, añadió las ideas de otra audiencia en Sudamérica. Ella se unió amablemente a la «brigada de edición» para ampliar aún más nuestra capacidad de inclusión.

Al imprimirse esta edición, Elena, Arantza, Elly y Jenny impartirán Sanity School® en directo a audiencias de habla inglesa e hispana de todo el mundo, gracias en parte a una subvención de The Balance Project de Chicago. Yo miraré y escucharé con asombro, ¡porque todavía no hablo suficiente español para seguir un idioma que se habla tan rápido!

Al leer este libro, por favor, comprende que las palabras son mías, pero los conceptos provienen de un colectivo: del coaching, de mi sociedad con la increíble Diane Dempster, de los éxitos y las luchas de mi familia, de los miles de clientes a los que hemos tenido el privilegio de servir y apoyar durante más de una docena de años... y de la dedicación de queridos y devotos colegas que comparten mi visión para expandir la paz del mundo llevando el enfoque de coach a los padres y educadores.

Con gratitud,
Elaine Taylor-Klaus, MCC

Sobre la autora

Desde que era una adolescente, Elaine Taylor-Klaus, coach profesional certificada, solo ha querido cambiar el mundo; ahora, como autora, educadora de adultos y coach certificada, lo está haciendo como pionera en la defensa de la neurodiversidad y el empoderamiento de los padres de niños complejos.

Elaine cofundó la innovadora ImpactADHD.com en 2011 para proporcionar coaching, formación y apoyo a los padres que luchaban por criar niños que enfrentan desafíos en la vida y en el aprendizaje.

Las innovaciones de ImpactADHD y su blog han ganado premios y reconocimientos, y sus programas, basados en el novedoso Modelo de Impacto, ofrecen perspectivas, habilidades prácticas y esperanza para que los padres puedan criar a sus niños y adolescentes con confianza y calma. Elaine cocreó Sanity School®, un programa de capacitación en terapia conductual que presta servicio a miles de padres y maestros de todo el mundo, tanto online como proporcionados por profesionales autorizados en comunidades locales, desde Alaska hasta Melbourne, en inglés y en español. Es reconocida internacionalmente como una voz empoderadora para los padres que deben criar niños en circunstancias complejas.

A Elaine le encanta viajar y dar charlas en escuelas y conferencias. Entre sus libros anteriores se encuentran *Live Like You're Doing It on Purpose: Three Secrets to a Happy Life* y *Parenting ADHD Now!*

Easy Intervention Strategies to Empower Kids with ADHD, y sus textos se han incluido en numerosas antologías.

Está casada con David Taylor-Klaus, de DTK Coaching. Juntos han criado a tres niños complejos, y ahora disfrutan criando a cuatro adultos jóvenes, dos perros adultos y un perro abuelo.

Testimonios

Si te sientes abrumada, frustrada por haberlo intentado todo, pero sigues buscando ayuda, este libro es para ti. Elegí leer este libro para tener algo que compartir con los padres de mis pacientes. Poco sabía cuánto impactaría no solo en la forma en que practico medicina, sino que también me empoderaría para ser una madre mejor. El Modelo de Impacto es transformador y es la herramienta que necesitas para criar a un niño complejo con confianza. ¡Gracias Elaine!

Dra. Grizelda Morales Anguiano, pediatra especializada en salud mental

Niños complejos es una lectura obligada para replantear tu dinámica familiar actual de caos a una unidad de colaboración en pleno funcionamiento, donde se pueden aprovechar las habilidades de cada uno.

Este libro ayudará a que tu niño complejo esté bien, sin endulzar el hecho de que habrá momentos en los que te sentirás impotente y sin esperanza. Más importante aún, nos da a nosotros (padres y tutores) el permiso para cuidarnos, amarnos y ser amables con nosotros mismos.

Las estrategias, antídotos, testimonios y hermosas frases del padre del mindfulness, Thích Nhất Hạnh, nos orientan sobre cómo enseñar a nuestros hijos a «tomar el control de sí mismos» con amabilidad, confianza y responsabilidad.

Lo que más me impactó de las palabras de Elaine fue el permiso para cuidar primero nuestra propia salud física, mental y espiritual antes de atender las necesidades de nuestros niños complejos. Como padres/ tutores, debemos reconocer que está bien cuidarse a uno mismo. No se requiere perfección, pero sí estar completamente presente; confía en tus instintos y, lo más importante, háblate a ti misma con amabilidad. Nuestros hijos siempre están observándonos y aprendiendo de nosotros a través de nuestras acciones. Si somos amables con nosotros mismos y emulamos ese comportamiento en nuestros hijos, ellos comenzarán a ser amables consigo mismos. Si no modelamos ese comportamiento, es posible que los niños no sepan cómo hacerlo, o peor aún, es posible que no crean que merecen la amabilidad.

¡Un acto de cuidado personal es leer este libro!

Dr. Aidyl Gonzalez-Serricchio, educador y director de divulgación del Instituto Internacional para las Ciencias Astronáuticas (IIAS)

Niños complejos hace un trabajo excepcional al sintetizar las complejidades que enfrentan las familias cuando un niño tiene múltiples condiciones. Los padres y educadores se irán con una caja de herramientas llena de habilidades de comunicación, sabiduría, orientación y herramientas prácticas para abrazar a sus hijos. ¡Es un libro al que querrás volver y releer!

Jenny Aguilar, terapeuta educacional, M.Ed., ET/P, WeThrive Learning

Como dice la autora, «los padres de niños complejos no [necesariamente] necesitan terapia», sino un apoyo realista que les ayude a saber *cómo* criar a sus niños. Este libro no solo da un modelo para que los padres puedan respirar y ver que no están solos en la experiencia, también ofrece inspiración y dirección. Yo, como licenciada en asesoría profesional, he visto personalmente el impacto positivo de esta forma de crianza. Con regularidad, muchos padres me dicen que los conceptos que se encuentran en este libro son fundamentales para el éxito de sus hijos a largo plazo. 5 estrellas para Elaine y Diane por su habilidad al detallar unos procesos integrales que facilitan las relaciones saludables entre padres e hijos.

Yronelly "Elly" Sánchez, Máster en Ciencias Psicológicas y Consejería

Sanity School® y este libro han cambiado mi vida como mamá. Elaine Taylor-Klaus ofrece una nueva manera de conectar con tus hijos.

Amanda Martínez, madre de tres niños, Canadá

Elaine, gracias por cumplir aquella promesa hecha en el porche de una cabaña. Gracias por crear un espacio seguro para nosotros, los padres de niños especiales. Estoy más que agradecida porque, a través de las herramientas aprendidas en *Niños complejos,* así como también en Sanity School, hemos sido capaces de ser mejores padres y mostrar un enfoque más compasivo a nuestros hijos. Estoy muy emocionada porque ahora esta herramienta está disponible en español y por todas aquellas familias que se beneficiarán de ella porque la necesitan desesperadamente. ¡Gracias!

Ximena Martín, madre, Michigan

Este libro es realmente una guía y una fuente de inspiración para mí. Cada vez que lo tengo entre mis manos, descubro algo nuevo que me ayuda como madre y como profesional. Elaine utiliza un tono cercano, amable y muy claro. El resultado es un libro práctico y muy fácil de leer que te aporta una nueva perspectiva para vivir de otra manera esta experiencia como padres.

Arantza Danés Vilallonga, madre, coach profesional, CPCC, ACC

¡Qué maravilla que el público de habla hispana tenga acceso a este libro tan importante! Como coach profesional que lleva tiempo trabajando con padres de niños complejos, puedo decir con absoluta certeza que la perspectiva de coach y las estrategias y herramientas que se exponen en este libro funcionan para mejorar la comunicación, lograr más cooperación y tener una casa en calma.

Blanca Tolosa Ripoll
Psicóloga, Fundadora y CEO de Centro IDEAT

Como psicoterapeuta y asesora de crianza, he tenido en mis manos cientos de libros en los que expertos describen el funcionamiento «alterado» de niños y niñas con desordenes en su desarrollo. Sin embargo, en este libro Elaine apunta con su linterna a los dones y capacidades que podemos encontrar en niños que funcionan de forma distinta, realzando lo que Sí tienen, lo que Sí son y lo que pueden aportar al mundo. No es fácil encontrar una guía, escrita desde un gran conocimiento del tema, con sentido del humor y enriquecida con la propia experiencia como madre de 3 hijos con dificultades.

A mi parecer, este libro destaca por el lugar en el que se enfoca, los adultos (mamá, papá, personal docente). Cuando los adultos somos capaces de cuidarnos, atender nuestras necesidades y tratarnos con compasión, surge la magia desde la que podemos cuidar al otro. Apuesta por reducir expectativas y aumentar la confianza en el ser humano que tenemos delante, lo cual es un canto de esperanza. Y por supuesto, traza un mapa para pasar a la acción.

Este es un libro que sin duda recomiendo a familias (y profesionales) que quieren un giro en la forma de impactar en sus hijos. Cuando acabas de leerlo, sientes que eres ese líder que inspira.

Dra. María del Corral.
Médico Pediatra. Matrícula Nacional 68245.
Matrícula Provincial 441594.

Elaine Taylor-Klaus nos muestra los desafíos de criar niños con TDAH, ansiedad y otras afecciones y nos presenta las estrategias para superarlos, empoderando a los padres en este recorrido y dándoles a los niños las herramientas para una vida autónoma. Escrito con un profundo sentido de análisis y realidad, es una obra imperdible para que los profesionales de la salud y terapeutas tengan como material de consulta